시와 **이야기**와 노래가 있는 **교실놀이**

시와 이야기와 노래가 있는 **교실놀이**

초판 1쇄 발행 2023년 7월 30일

지은이 백창우 이호재 한승모
　　　　(원시와 노래 이야기 : 백창우 · 악보 : 이호재 · 교실놀이 활동 : 이호재, 한승모)
발행인 송진아
편 집 아이펑크
디자인 로프박
제 작 제이오앨엔피
펴낸곳 푸른칠판
등 록 2018년 10월 10일(제2018·000038호)
팩 스 02-6455-5927
이메일 greenboard1@daum.net
ISBN 979-11-91638-14-1 04370 | 979-11-965375-6-2 (세트)

백창우 선생님과 함께 어린이 삶을 노래하다

시와 **이야기**와 **노래**가 있는 **교실놀이**

백창우 이호재 한승모

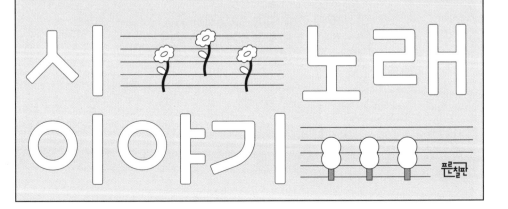

푸른칠판

프롤로그

노래랑 노는 교실,
선생님도 아이들도 모두
행복한 교실

옛날 로마시대에는 학교를
'루두스(rudus)'라고 했는데 이 말은 라틴어로
'놀다'란 뜻을 갖고 있다고 합니다.
우리 말에도 '입을 놀린다'
'몸을 놀린다' '손을 놀린다' 같은 말이 있는 걸
보면 논다는 게 '일'이나 '공부'하고
그리 다른 말이 아니었나 봅니다.
'노래'도 '놀이'란 말에서 비롯되었다는데,
그렇다면 노래란 것도
'소리를 갖고 노는 놀이'일 것입니다.
아이들은 놀면서 자랍니다.
놀이 속에서 저절로 배우고
저절로 깨우칩니다.
저절로 배운 것만큼 오래 가는 것이 없습니다.
좋은 노래가 없는 세상은
서서하고 재미없는 세상입니다.
좋은 노래가 있어도 부르지 않는 세상은
불행한 세상입니다.

4

아이들도 선생님도
행복한 교실을 꿈꿉니다.
날마다 가고 싶은 교실, 그저 떠올리기만 해도
마음이 따뜻하고 환해지는
그런 교실 말이지요.
여기 이 별난 책을 함께 만든
이호재·한승모 선생님은 오랫동안
신나는 교실, 행복한 교실을 꿈꾸고 가꾸어 온
교사이자, 노래를 만들고
아이들과 함께 꾸준히 공연을 해 온
음악가이기도 합니다.
이 좋은 노래 동무들이 있어서
이 책이 나올 수 있었습니다.
호재쌤, 승모쌤은 봄날 민들레처럼
좋은 노래 씨앗을 날리는 사람입니다.
이 씨앗들이 누군가의 마음에 담아
제마다 다른 꽃으로 피어나겠지요. 그리고
그만큼 세상이 더 재미있어지고
아름다워지겠지요.
우리 교실도, 우리 학교도
우리 세상도.

느리게 시간이 가는
노래작업실 '개밥그릇'에서
서 백창우

5

차례

꿈이 있는 나

1

예쁘지 않은 꽃은 없다

마음분교6학년 이창회

꽃은 참 예쁘다
풀꽃도 예쁘다
이 꽃 저 꽃
예쁘지 않은 꽃은 없다

다음에 다시
태어날 때
꽃이 되고 싶다

한 스무 해도
넘었을 거다.
전교생이 스무 명 될까말까한
작은 학교인 섬진강가 '마암분교' 선생님이던
김용택 시인이 전화를 했다.
아이들하고 토요일마다 시를 쓰는데
진짜 좋은 시가 많다면서
함 읽어보라고 말이다.
그때 나를 깜짝 놀라게 한 시가
〈꽃〉이라는 시다.
나는 이 시를 갖고 〈예쁘지 않은 꽃은 없다〉란
노래를 만들었고 분교 아이 하나하나마다
한두 개씩 노래를 만들어 선물로 보냈다.
그뒤 아이들은 틈만 나면 저 기들 시를 갖고
만든 노래를 불렀고
나는 몇 해쯤 뒤에 이 노래들을 담아
《예쁘지 않은 꽃은 없다》라는 음반과
노래책을 냈다.
그 아이들을 모두 서울로 놀러오게 해서
두 곡을 녹음하기도 했다.
한참 뒤 나태주 시인이 쓴 〈풀꽃〉이란 시를
보고 또 깜짝 놀랐다. 두 시는 마치
둘이 죽고 못사는 오누이처럼 닮았다.
　　자세히 보아야 예쁘다 /
　다시 보아야 사랑스럽다 / 너도 그렇다
　　　　나태주 시 〈풀꽃〉

예쁘지 않은 꽃은 없다

이창희 어린이 시 · 백창우 곡

꽃 은 참 예 쁘 다 풀 꽃 도 예 쁘 다

이 꽃 저 꽃 저 꽃 이 꽃 예 쁘 지 않 은 꽃 은 없 — 다

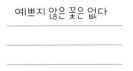

살아 있는 모든 것이 아름다워, 나도 꽃처럼

"선생님! 저, 이 노래 알아요."

"오, 저도 아는데! 이 노래, 유치원 때 배웠어요."

저학년 어린이들에게 이 노래를 들려줄 때면 이 노래를 안다며 아우성치는 소리로 교실은 이내 떠들썩해진다. 〈예쁘지 않은 꽃은 없다〉라는 곡은 초등학교 음악 교과서에도 수록되어 있으며, 저학년 교실이나 유치원에서 널리 불리고 있는 백창우 선생님 대표곡 중 하나이다. 짧은 두 단의 가사는 세상에 살아 숨 쉬는 모든 생명이 나름의 존재 이유가 있으며, 귀하고 아름답다는 의미를 부족함 없이 담고 있다.

이 노래는 꽃과 같은 자연 속의 작은 생명도 매우 귀하게 여기자고 말하지만, 궁극적으로는 생긴 모습도 잘하는 것도 좋아하는 것도 서로 다른 어린이들에게 더욱 어울리는 노래다. 다름은 결코 틀린 것이 아니며, 소외되거나 차별을 받을 이유가 될 수 없다는 것을 간결하지만 중독성 있는 선율로 또렷이 말하고 있다.

각기 다른 개성을 지닌 어린이들이 처음 만나 학급 공동체로서의 긴 여정을 시작하는 학년 초, 이 노래를 어린이들과 함께 불러 보면 어떨까? 가사를 바꿔 어린이들 이름을 넣어 불러도 좋고, '예쁘다' 말고 귀한 존재를 표현하는 다른 단어를 넣어 불러 봐도 좋겠다. 두 단으로 구성된 이 짧은 노래 하나가 자존감을 높이고, 다른 친구를 존중하는 마음을 가지게 되는 데 적지 않은 역할을 할 것이다.

내가 아는 꽃 이름 말하기

노래를 배우기 전, 이 곡에 가장 많이 등장하는 '꽃'이라는 가사와 관련지어 자신이 알고 있는 꽃 이름 말하기 놀이를 해 보면, 노래에 대한 기대감을 높일 수 있다. 이때 쉽게 사용할 수 있는 놀이 방법이 '아이 엠 그라운드'이다. '아이 엠 그라운드'는 자신이 알고 있는 대상의 종류나 주변 사물을 많이 말해야 하는 활동을 할 때 유용하다.

흔히 알려져 있듯, 이 놀이는 4박자의 리듬을 치며 진행하는 놀이다. 첫 박에서는 무릎을 치고, 두 번째 박에서는 손뼉을 치며, 세 번째 박과 네 번째 박에서는 엄지만 편 두 손을 양쪽으로 차례로 벌리는 동작을 취하면 된다. 이때 맨 처음 시작하는 사람이 '아이 엠 그라운드 꽃 이름 대기'라는 구호를 말하며 놀이를 시작한다.

'아이 엠 그라운드' 놀이 단계별 방법

1단계 일정한 방향으로 돌아가며 모든 어린이들이 꽃 이름을 말한다. 가장 낮은 단계의 난이도로 4박자의 구호 중 3박자와 4박자에 꽃 이름을 나눠서 말하면 된다.

2단계 1단계에서 더 나아가 앞서 말한 어린이의 꽃 이름을 반복해서 함께 말해 주는 방법이다. 자기가 말하는 꽃 이름뿐만 아니라 다른 사람이 말한 꽃 이름도 기억해서 함께 말해야 하기 때문에 놀이에 대한 집중도가 더욱 높아진다.

3단계 먼저 자신의 별칭으로 꽃 이름을 하나 정해 돌아가면서 말하고, 상대방이 별명으로 지정한 꽃의 이름과 개수를 말하면, 그 꽃에 해당되는 사람이 개수만큼 꽃 이름을 외치고, 다른 사람을 지명하는 놀이다. 이때 4박자에 맞춰 놀이를 진행하기 때문에 꽃의 개수는 4개까지만 가능하며, 호명된 사람은 주어진 박자에 맞춰 꽃 이름을 하나씩 말한다.

단순한 놀이지만, 자신의 순서가 되면 주어진 리듬에 맞춰 꽃 이름을 외쳐야 하기 때문에, 의외로 박진감이 넘치고 어린이들도 재미있게 참여하는 놀이 중의 하나이다. 학생들의 수준이나 참여 모습에 따라 난이도를 조금씩 달리하여 단계별 방법을 제시하는 것도 놀이에 대한 집중력을 높이는 데 도움이 된다. 그리고 놀이를 시작하는 말을 '아이 엠 그라운드' 대신 학급에서 자주 쓰는 구호나 '우리 모두 함께해'와 같은 말로 바꾸어 해 봐도 좋겠다.

새 학년 첫날, 학생들 이름 넣어 노래 불러 주기

새 학년이 시작되는 첫날, 대부분의 선생님들은 학생들의 이름을 한 명씩 부르며 첫 만남을 시작할 것이다. 모든 것이 낯설기만 한 교실에서 자신의 이름을 말이 아닌 노래로 불러 주는 선생님을 만난다면 학생들은 어떤 기분이 들까? 아마도 새로운 환경에 적응하느라 불안했던 마음이 조금은 편안해지고, 처음 보는 선생님에 대한 친근감도 높아지지 않을까?

〈예쁘지 않은 꽃은 없다〉라는 노래는 '꽃'이라는 가사에 학생의 이름을 바꿔 넣어도 자연스럽게 어울리는 리듬으로 구성되어 있다. 더군다나 몇 번을 반복해서 불러도 어색함이 없는 노래다. 학급 어린이들의 모든 이름이 담기도록 가사를 미리 준비해 놓고, 첫 만남 활동 때 환영 노래로 불러 준다면 학생들에게 깊은 울림으로 다가갈 것이다.

이 활동은 학생들이 함께 참여하여 만들어 가는 활동은 아니지만, 교사가 처음 인연을 맺는 학생들에게 건네는 따뜻한 노래 선물로서 앞으로 펼쳐질 학급 생활에 대한 기대감을 높이기에 충분할 것이다.

창우 참 예쁘다 **민석**도 예쁘다
지수 시은 승모 미희 예쁘지 않은 **4반** 없-다

실로폰으로 2부 합주하기

〈예쁘지 않은 꽃은 없다〉는 다장조로 구성되어 있고 선율이나 박자가 어렵지 않아 기악합주를 구성하기에 적합한 곡이다. 특히 리듬 연주를 제외하고는 합주를 적용하기가 쉽지 않은 저학년에게 실로폰을 활용하여 2부 합주를 시도해 본다면, 색다른 음악적 재미를 줄 것이다. 다음에 제시된 연주 악보의 1부는 본 선율을 그대로 연주하는 것으로 구성했고, 2부는 노래의 주요 화음을 중심으로 새롭게 편곡하였다. 이때 2부를 연주할 악기는 반음을 연주할 수 있는 실로폰을 활용하는 게 좋겠다. 한 성부는 꼭 실로폰이 아니어도 멜로디언과 같은 건반악기로 연주해도 잘 어울릴 것이다.

실로폰 2부 합주 편곡 악보

딱정벌레

김용택

나도 밥 먹을 줄 압니다
나도 잘 줄 압니다
나는 똥도 쌀 줄 알아요
　나도 식구가 있습니다
　나도 집이 있습니다
　나도 숨을 쉽니다
　나는 눈물도 흘려요

나는,
딱정벌레예요

이 지구★에
사람 손 타지 않은 데가
얼마나 될까.
그래서 참 아슬아슬 하다.
숲이 사라지고 강이 더러워지거면
나비도 딱정벌레도 두루미도
점점 볼 수 없게 되겠지.
생각만 해도 아찔하다.
그 쓸쓸하고 볼품없는 세상이.
" 나무에 대한 시를 쓰려면
나무가 되어보고,
개에 대한 시를 쓰려면
개가 되어보라" 던
정호승 시인의 얘기가 떠오른다.
이런 마음이어야
〈딱정벌레〉같은 시를 쓸 테지.
그래야 이 세상도 좋아지겠지.
나비도 딱정벌레도 두루미도
모두 이★의 주인이란 걸
잊지 않겠지.

딱정벌레

김용택 시 · 백창우 곡

나 도 밥 먹 을 줄 압 니 다 나 도 잘 줄 압 니 다 나 는

똥 도 쌀 줄 알 아 요 나 도 식 구 가 있 고 집 도 있 지 요

나 도 숨 을 쉽 니 다 나 는 눈 물 도 흘 려 요

나 는 딱 정 벌 레 딱 정 벌 레 랍 니 다

나는
나는
누구일까

딱정벌레

딱정벌레는 아주 흔한 곤충이다. 짧은 다리에 통통한 몸을 가지고 있고, 땅 위 여러 동식물의 흔적을 먹고 산다. 여기저기서 자주 보는 곤충이지만 우리는 딱정벌레를 특별하게 기억하지는 않는다.

한돌 선생님의 〈개똥벌레〉나 백창우 선생님의 〈딱정벌레〉에 나오는 두 벌레는 친구일 것 같다. 개똥벌레는 가슴을 내밀고 손을 내밀어도 친구가 없다. 친구에게 가지 말라고 소리치다 그냥 울다 잠이 든다. 딱정벌레는 나도 밥 먹을 줄 알고, 식구가 있고, 집도 있다고 말한다. 나는 딱정벌레라고 두 번이나 강조한다. 외로움, 존재에 대한 불안함이 느껴지는 노래를 통해 따뜻함과 친구에 대해 말하고 싶었던 걸까? 이 짧은 노래에 외로움과 슬픔이 많이 묻어 있다. 가락이 주로 낮은 음에서 왔다 갔다 한다. 가락만 살펴보면 조금은 심심하지만 노래의 의미를 충분히 생각하면서 마음을 담아 불러 볼 수 있다. 네 번째 줄의 첫 번째 가사인 '나는'의 '는'은 한 박자 반의 길이를 살려 부르자.

노래 초반의 가사를 보면 딱정벌레는 자신이 할 수 있는 것들과 자신의 생각들을 시원하게 말한다. 어린이들과 함께 노래 부를 때 이런 딱정벌레의 마음을 담아서 노래할 수 있도록 안내하자.

노래를 부르면서 딱정벌레 대신 다른 곤충이나 동물, 다른 친구들의 특징을 이야기하며 알아맞히는 활동으로 확장하다 보면 노래의 의미처럼 모두가 소중한 존재라는 것을 느끼는 시간이 될 수 있을 것이다.

곤충과 동물 이름으로 스무고개

이 노래를 활용해 딱정벌레 말고도 여러 가지 곤충을 만날 수 있다. 노래를 부르면서 곤충과 동물을 소재로 이름 맞히기 스무고개를 해 보자. 어린이들에게 곤충으로 문제를 내겠다고 하고 마음속에 여러 곤충을 떠올리게 한다. 각자 떠올리는 곤충에 대해서 모둠별 혹은 교실 전체가 함께 이야기를 나눠 본다.

○ 알을 낳아요?　○ 날개가 있나요?
○ 검은색인가요?　○ 무늬가 있나요?　○ 큰가요?　○ 작은가요?
○ 냄새가 나요?　○ 날아다녀요?　○ 빨라요?　○ 느려요?

고학년 어린이들의 경우 개미는 네 번째 고개에서 맞혔고, 사마귀는 열두 번째 고개에서 맞혔다. 한번 빨리 맞히더니 다들 금방 맞힐 수 있다고 생각해 질문을 덜 하고, 답만 맞히려다가 사마귀는 오래 걸렸다. 다시 조심스럽게 묻던 장수풍뎅이 문제는 여섯 번째 고개에서 맞혔다.

역할을 바꾸어 어린이들이 곤충이나 동물을 생각하고 교사나 다른 친구들이 질문하고 답을 맞혀 볼 수도 있다.

친구 맞혀 보고 자신에 대한 글 써 보기

노래에 나오는 '나'를 설명하는 부분은 다른 노래에서 쉽게 볼 수 없는 특징이다. 이 노래 가사처럼 '나'를 설명하면서 친구들의 특징을 함께 알아 갈 수 있다. 다음의 밑줄 친 부분을 다른 가사로 바꿔 부르고 어떤 친구를 말하는지 맞혀 보자고 한다.

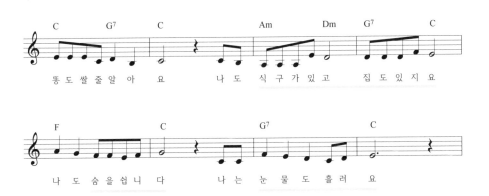

> 나도 그림 좋아해, 노래 좋아해.
> 나도 공룡 좋아해. 나는 수학은 싫어요.

해당하는 친구의 취미, 특기, 좋아하는 것이 드러나는 가사로 바꿔 부를 수 있다.

> 나도 동생이 있고, 의사 꿈이고.
> 주말 학원을 가요. 나는 책 읽기 좋아요.

가족의 상황이나 하루 일과 등의 내용을 담을 수도 있다.

여러 가지 곤충이나 동물, 친구 알아맞히기 활동을 해 본 이후에 자신의 특징을 나타내는 글을 써 본다.

> 나도 _____ 있고 _____ 있지요.
> 나도 _____ 합니다.
> 나는 _____ 해요.

우선 자신의 이름을 쓸 칸은 비워 두고, 이름은 쓰지 않은 채 자신을 소개하는 글을 쓴다. 쓴 글들을 섞은 다음 어떤 친구인지 찾아보는 활동을 한다.

이은지

나도 동생이 있고
강아지도 있지요.
나도 피아노 칩니다.
나는 그림도 그려요.
나는 잘 울어요.

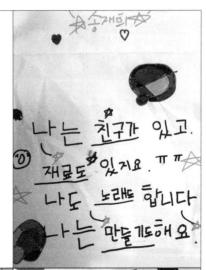

송재희

나는 친구가 있고.
재료도 있지요. ㅠㅠ
나도 노래도 합니다
나는 만들기도해요.

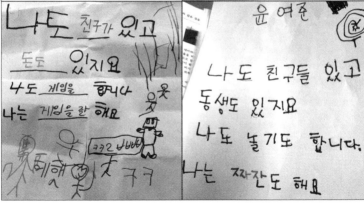

나도 친구가 있고
돈도 있지요
나도 게임을 합니다
나는 게임을 합 해요

윤여준

나도 친구들 있고
동생도 있지요
나도 놀기도 합니다.
나는 자잔도 해요

강아지 똥

백창우

나는 조그만 똥이지만
강아지 똥이지만
쇠둥이가 누끄 간 강아지 똥이지만
소달구지 지나가는 골목길
담 밑 구석자리에 놓인
못생긴 똥이지만

내게도 꿈이 있단다
고운 꿈이 있단다
지금은 말할 수 없지만
아직은 비밀이지만

언젠간 알게 될 거야
내가 품은 씨앗 하나
샛노란 민들레로 피어나는 날
세상엔 무엇 하나
쓸모없는 게 없다는 걸
나 같은 강아지 똥도
쓰일 데가 있다는 걸

이 노래는 권정생 동화 〈강아지똥〉을 읽고 만든 노래다.
한참 뒤, 권정생 선생님한테도 이 노래를 들려드렸는데 마음에 든다고 하시면서 앞으로는 노래가 될 만한 시도 좀 많이 써야겠다고 하셨다.
그리고 얼곱 해 지난 선생님은 어머니 사시는 그 나라로 훌쩍 떠나셨다.
나는 권정생 시에 붙인 노래들을 모아 《권정생 노래상자》랑 《살구꽃 봉오리를 보니 눈물 납니다》를 만들었다.
그리고 〈강아지똥〉을 바탕으로 《노래하는 강아지똥》을 만들었다.
진작 이 노래들을 다 들려드렸으면 좋았을 거을.

"하느님은 쓸 데 없는 건 하나도 만들지 않으셨어. 언젠가는 너도 꼭 무엇엔가 귀하게 쓰일 날이 있을 거야."

선생님 말씀이 들리는 듯 하다.

27

강아지 똥

백창우 시 · 곡

나는 조그만 똥이지만 강아지 똥이지만

흰둥이가 누고 간 강아지똥이지 만

소 달구지지 나가는 골목 길 담 밑 구석 자리에 놓인

못 생긴 못 생긴 똥이지 만 똥 둘 셋 넷

내 게 도 꿈이 있 단 다 고 운 꿈이 있 단 다

지 금 은 말할수 없지 만 아 직 은 비밀이 지 만

언 젠 간 알 게 될 거 야 내 가 품 은 씨 앗 하 나

샛 노 란 민 들 레 로 피 어 나 는 날 꽃 둘 셋 넷

세 상 엔 무 엇 하 나 쓸 모 없 는 게 없 다 는 걸

나 같 은 강 아 지 똥 도 쓰 일 데 가 있 다 는 걸

나와 연결되는
모든 만남이
소중해

권정생 선생님의 동화 〈강아지 똥〉은 많은 사람에게 위로를 건넨다. 세상에는 쓸모없는 것이 아무것도 없다는 걸 알려 주고, 몸이 녹고 사라져도 언젠가 민들레의 새로운 희망과 연결된다고 말해 준다. 이 이야기로 만든 백창우 선생님 시와 노래에서 강아지 똥의 속상함, 그리고 희망을 느낄 수 있다. 전반부에 소달구지 지나가는 골목길, 담 밑 구석 자리에 놓인 못생긴 똥이지만 꿈이 있고 세상에 피어날 거라 말하는 강아지 똥. 많은 사람들이 이 노래를 통해 희망을 만나고 나눔의 가치를 느낀다.

　조금 길지만 이 노래는 반복되는 구조라서 쉽게 부를 수 있다. 네 박자의 비슷한 가락이 여러 번 나온다. 노래 초반에는 강아지 똥의 슬픔이 많이 보이고 중반 이후에는 희망과 힘이 느껴진다. 1절 중간에 나오는 쉼표에는 '똥 둘셋넷', 2절 중간에 나오는 쉼표에는 '꽃 둘셋넷'이라고 크게 외쳐 보자.

어린이들과 먼저 그림책으로 따뜻한 그림과 말을 나누고, 강아지 똥의 인물을 잘 살펴보자. 편지 쓰기, 만들기 등의 활동을 통해 〈강아지 똥〉에 등장하는 강아지 똥, 밭, 흙, 잎, 민들레의 마음과 입장을 하나씩 살펴보면서 나와 연결되는 만남의 소중함과 따뜻한 마음을 느껴 보도록 하자.

강아지 똥에게 편지 쓰기

어린이들이 쓰는 글은 참으로 놀라울 때가 많다. 어른들이 생각하지 못하는 따뜻함과 진실된 마음들이 가득하다. 〈강아지 똥〉 노래를 부르면서 어린이들은 꿈과 희망을 넘어 실패를 두려워하지 않는 용기,

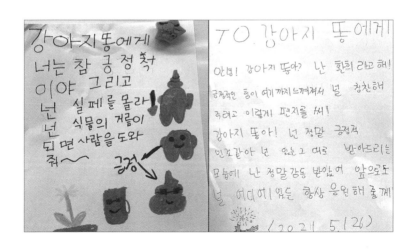

긍정적인 마음, 포기하지 않고 도전하는 정신을 말한다.

노래를 몇 번 불러 보고 그림책을 읽고 난 후, 강아지 똥에게 보내는 편지를 써 본다.

연극과 노래를 연결한 노래극 만들기

강아지 똥에게 편지도 써 본 후에 노래극을 해 봐도 좋겠나. 미술 시간을 활용해 노래극을 위한 준비를 한다든지 각 역할에 맞는 소품이나 가면 같은 것을 만들어 보는 활동도 좋다. 이미 노래와 그림책으로 만난 〈강아지 똥〉과 관련된 뭔가를 만드는 시간 자체가 즐거울 것이다. 그 과정에서 다시 그림책을 펼쳐 보거나 애니메이션 등을 찾아보면서 강아지 똥과 다른 등장인물들의 이야기를 다시 만난다.

"강아지 똥이 이렇게 생겼네?"

"역시 사람 똥과는 달라!"

"엄마 닭이 좀 못됐다."

어린이들은 강아지 똥을 만나면서 노래를 흥얼거린다. 이루마가 만든 애니메이션 음악도 틀어 본다. 눈과 귀와 마음으로 강아지 똥을 다시 만나는 시간이다.

노래극 중간에 들어갈 장면들을 연극으로 표현해 보자. 모둠별로 장면을 맡아서 대본을 써서 완성하고, 장면별로 연습을 한 후 노래와 연극을 이어서 노래극을 완성한다.

노래 반주가 없어도 좋고, 기존의 노래를 잠시 멈추고 연기를 해도 된다. 노래와 연기, 편지를 적극적으로 활용하자.

구 분	노래극 만들기
노래 부르기	시를 읽고 느낌을 공유한 후 노래를 부른다. 가급적 노래는 외워 부를 수 있도록 한다.
편지 쓰기	강아지 똥이나 다른 등장인물에게 하고 싶은 이야기를 편지로 쓴다. 노래극에서는 해당하는 부분에 사용할 수 있다.
장면 정하기	노래와 연계하여 중간에 적당한 장면을 정한다. 강아지 똥이 등장하는 부분에서부터 밭 흙을 만나고 낙엽을 만나고 민들레를 만나는 장면을 고루 살펴보며 장면을 정한다.
대본 쓰고 연습하기	모둠별로 장면을 나눈 후 해당하는 장면의 대본을 새로 쓴다. 기존의 이야기를 크게 벗어나지 않아도 되고, 내용을 조금 바꿔도 괜찮다. 하지만 노래 안에서 만들어지는 작품이기에 너무 큰 변화는 어색할 수도 있다.
노래와 연결하여 발표하기	노래를 부르면서 중간에 모둠별로 준비한 연극을 넣는다. 노래를 부르고 잠시 멈추는 동안 학생들의 모둠별 연극을 시작한다. 한 장면씩 함께 집중해서 준비한다. 이때 앞서 준비한 편지를 필요한 장면에서 읽어도 좋다.

염소

김룡

뿔을 가지고 있지만
이 빠진 우리 할머니한테도
이기지 못해요

풀만 먹어서 그런가봐요
머리에 달린 게 뿔이 아니라
풀이라 생각하나 봐요

턱 밑에 자라는 수염마저
풀이라 생각할지 몰라요

씩씩, 오늘은
내 머리에 뿔이 돋은 날
염소 만나러 가요

반성문 써 오라는
선생님 들이받고
시험 잘 봤다는 짝꿍도
들이받고 싶은 날

꼭꼭 숨기고 있던
뿔 다 꺼내 놓으면

메에~메에~
풀인 줄 알고 맛있게
뜯어 먹는 염소

씩씩, 코뿔소가 살던
내 마음속이 풀밭으로
변했어요

34

누군가 확
들이박고 싶은 날,
만나러 갈 염소가 있다면
참 좋겠다.
머리에 달린 뿔도 풀이라 생각할지 모르는
고 염소 말이다.
그러면 코뿔소가 살던 내 마음속이
순한 풀밭으로 변할지
누가 알아.

내 머리에 뿔이 돋은 날

시 원제 <염소>

김륭 시 · 백창우 곡

<내레이션>

뿔을 가지고 있지만 이 빠진 우리 할머니한테도 이기지 못해요
풀만 먹어서 그런가 봐요 머리에 달린 게 뿔이 아니라 풀이라 생각하나 봐요
턱 밑에 자라는 수염마저 풀이라 생각할지 몰라요

씩 씩 —   오 늘 은 내 머 리 에 뿔 이 돋 은 날   염 소 만 나 러 가 요 —

반 성 문 써 오 라 는 선 생 님 들 이 받 고   시 험 잘 봤 다 는 —   짝 꿍 도 —

들 이 박 고 싶 은 날 —

<내레이션>

꼭꼭 숨기고 있던 뿔 다 꺼내 놓으면
메에- 메에- 풀인 줄 알고 맛있게 뜯어 먹는 염소
씩씩, 코뿔소가 살던 내 마음 속이 풀밭으로 변했어요

내 마음에 자꾸자꾸 뿔이 돋아날 때

〈내 머리에 뿔이 돋은 날〉은 신나는 분위기의 노래이면서 어린이들의 마음을 아주 잘 대변하는 노래이다. 노래 맨 앞에 나오는 내레이션이 잘 안 들리는 것 같고 뭔가 어색하다 느껴질 수 있지만 다시 천천히 들어 보면 염소 이야기가 나온다. 만약 원시인 〈염소〉의 내용을 처음부터 끝까지 찬찬히 읽어 보고 노래를 다시 들어 본다면, 시와 노래에서 전하는 메시지는 조금 다르다는 것을 알 수 있다.

시에서 말하는 '염소'는 뿔이 나고 수염이 나도 풀만 먹어 그런지 자기보다 힘 약한 할머니를 함부로 대하지 않는 착하디착한 순한 염소다. 반면에 노래에 나오는 '염소'는 시 중간에 선생님과 친구 때문에 기분이 나빠 염소처럼 뿔이 돋은 어린이의 마음을 나타내는 염소다. 이 노래는 마치 어린이들에게 "너 지금 기분 나쁘구나! 아이고, 속상한 일들이 있었나 보네."라며 공감해 주는 듯하다. 초등학교 3~4학년 어린이들에게는 노래의 의미를 재미있게 나누고, 5~6학년 어린이들에게는 노래와 시의 이야기를 함께 나누어도 좋겠다.

한껏 신나게 노래를 부른 뒤 어린이들이 속상했던 이야기를 나눌 수 있게 하면 어떨까? 선생님, 부모님, 친구 등에게 화나서 하고 싶던 이야기, 속상했던 이야기를 종이에 적어 구긴 다음 뭉쳐서 벽에 던져 보고, 하고 싶은 이야기들을 모으고 정리해서 반 전체가 함께 노래를 불러도 좋겠다. 화를 풀고 나서 원래 하고 싶었던 이야기를 제대로 전달하는 방법, 상대방에게 정확하게 내 마음을 전하는 방법을 배우고 연습해 보는 기회를 만들어 볼 수도 있다.

'씩씩', '들이받고'라는 노래 가사 부분에는 자연스럽게 힘이 들어가는데, 이때 타악기를 효과음처럼 연주하면 좀 더 흥미로울 것이다. 시와 노래를 비교해서 앞부분 염소에게 하고 싶은 말을 생각해서 노래 만들기나 전주 만들기도 해 보자.

속상한 마음 꺼내 던지기

순서	제목	내용
1	속상한 속마음 쓰기	속상한 마음을 이면지에 적는다. 문장으로 적거나 중요한 단어만 써도 좋다.
2	종이공 만들기	종이를 구기고 둥글게 뭉쳐서 종이공으로 만든다.
3	던지기	벽을 향해 던진다. 이때 사람을 향해 던지지 않도록 주의한다.

어린이들에게 속상했던 속마음을 꺼내는 시간을 만들어 주고, 이 면지에 평소 자신이 속상했던 이야기를 써 보도록 하면, 어린이들은 "엄마! 학원 안 가고 싶어요!", "아빠! 담배 끊으세요!", "형! 좀 시키지 마!", "선생님! 시험 안 보면 안 돼요?", "영수야! 패스하라고!" 등 제각각 속상했던 마음들을 꺼내 놓는다.

속상한 말들을 가득 적은 종이를 속상한 마음이 풀릴 때까지 마구 구긴 다음 공처럼 동그랗게 만든다. 글씨가 흐려지도록 비비고 구기고 뭉쳐서 손 안에 쏙 들어오게 꼭꼭 쥐어 동그랗고 작게 만든다. 손 안에 종이공이 많을수록 속상한 속마음도 많지만, 앞으로 사라질 속마음도 많다. 종이공이 다 만들어졌으면 이제 던질 차례다. 이때 사람을 향해 던지거나 속상하게 만든 대상을 향해 던지지 않도록 한다. 종이공을 벽에 던져서 '딱' 부딪히게 할 수도 있고 높은 곳에서 멀리 던지며 날아가는 모습을 볼 수도 있다. 떨어진 종이공을 다시 주워서 꾸깃하고 조금은 더러워진 내 속마음을 펼쳐 보자. 속상함을 느꼈을 때의 마음, 속상한 마음을 글로 적을 때의 마음, 종이공을 던질 때의 마음, 그것을 다시 펼쳐 볼 때의 마음을 모두 살펴본다면 처음의 속상함이 조금은 사그라들지도 모르겠다.

내 속마음 잘 전달하기

내 마음을 누군가에 잘 전하기란 몹시도 어렵다. 가까운 사람일수록 쉽게 함부로 말하는 경우도 많다. 요즈음 학교나 학교 밖에서 어린이들에게 많이 알려 주는 대화 기법 중에는 '나전달법'이 있다. 속상하고 화날 때 그 상황의 사실과 감정을 구분하여 말하는 것이다. 말이란 누군가에게 전해질 때 말하고자 하는 내용과 느낌이 듣는 사람에 따라 달라질 수도 있는 것이라 사실, 감정, 바람을 구분하여 자세히 말하는 것이 좋다는 것을 어린이들에게 알려 준다.

순서	요소	내용
1	사실	객관적인 사실
2	감정	그 사실이 내게 미치는 영향과 기분
3	바람	내가 원하는 것. 솔직하고 구체적으로 표현

속상한 상황을 떠올려 보고 사실, 감정, 바람으로 구분하여 말해 보도록 한다.

순서	내용	요소
1	엄마! 엄마가 이번에도 나한테 말도 안 하고 학원을 다니라 했어요. 일주일에 3일만 다녀도 된다고 했는데, 하루 더 영어 학원을 가라고 해서 저는 친구들과 놀 시간이 부족해요.	사실
2	자꾸 스트레스 받고 엄마가 미운 생각만 나요. 놀지 못해 속상하고 엄마를 미워하는 나도 싫어요.	감정
3	엄마가 처음에 약속한 대로 4학년에는 학원 일주일에 3일만 가게 해 주세요.	바람

순서	내용	요소
1	영수야! 너랑 축구할 때마다 나는 너한테 패스를 몇 번씩 하는데, 너는 나한테 패스를 거의 안 해. 내가 너한테 패스 안 할 때 너는 나한테 나쁘게 뭐라 하기도 했어.	사실
2	이렇게 축구하는 게 싫어. 어떤 때는 네가 싫기도 해. 축구를 원래 좋아했는데 축구도 싫어지는 것 같아.	감정
3	앞으로 너도 나한테 패스를 해 주면 좋겠어. 내가 잘 못해서 그런 거라면 네가 조금씩 더 가르쳐 줘.	바람

반복과 타악기로 더 재미있게 부르기

노래에 재미있는 부분들이 많다. 노래 시작할 때 처음 나오는 악보에 도돌이표가 있어서 '씩씩'을 두 번 부르는데 한 줄에 두 번 이어 그리지 않고 도돌이표를 썼다. 마치 이 부분은 '여러 번 더 불러도 된다'는 뜻 같다. 어린이들과 네 번, 다섯 번 횟수를 정해 전주처럼 불러 보자. 다른 부분도 이렇게 반복해 불러도 괜찮다. '선생님 들이 받고'를 반복해서 두 번, 세 번 부르면 더 재미있어 할 것이다.

위의 네모 상자 부분에서는 타악기를 안내하여 두드리게 해 보자. 캐스터네츠, 트라이앵글, 작은북 등의 악기를 저 부분에서 같이 '톡 톡톡' 두드리기만 해도 소리의 변화가 크게 느껴질 것이다.

맘대로 거울

송선미

아직도 살짝 먼저 망설이지만
그래도 이젠 보면 기분이 좋아

언제부터 내 눈에 내가 꽤 이뻐
걸을 땐 쇼윈도도 안 보던 난데
이름만 불려도 놀라던 난데

한 번 보고
두 번 보고
세 번 보니까

조금씩 천천히 내가 좋아져
속껴풀도 쪽니도 나름 귀여워

어느 날, 스스로가
꽤 이뻐 보인다면 그건 참
괜찮은 일이다. 그리고,
보면 볼 수록 스스로가 자꾸 좋아진다면 정말
아주 괜찮은 일이다.
그때문에 방이, 집이, 동네가, 세상이
그만큼 더 환해질 테니까 말이다.
나도 나를 이뻐하지 않고,
남도 나를 이뻐하지 않는다면
세상이 얼마나 깜깜할까.
<맘대로 거울>은
'나를 위한 노래'다.
나를 이뻐할 줄 아는 사람이
남도 이뻐할 줄 안다.
노래 일곱째 마디 '한 번 보고 두 번 보고'
가락은 '신중현과 엽전들' 노래
<미인>에서 빌려왔다. 그리고
원시 앞 두 줄은 노래 맛을 위해 내 맘대로
뺐다. 먼저 원시를 읽고, 그 다음에
노래를 부르면 더 좋을 듯 하다.

43

맘대로 거울

송선미 시 · 백창우 곡

언 제 부 터 내 눈─에 내 가 꽤 이 뻐 걸 을 땐 쇼 윈 도 우 도 안 보 던 난 데

이 름 만 불 러 도 놀 라 던 난 데 한 번 보 고 두 번 보─고 세 번 보 니 까 조 금

씩 천 천 히 내 가 좋 아 져 속 꺼 풀 도 쪽 니 도 나 름 귀 여 워

맘대로 거울

나도
참 멋지고
괜찮은
사람

〈맘대로 거울〉이라는 노래는 백창우 선생님이 비교적 최근에 출간한 《내 머리에 뿔이 돋은 날》이라는 동요 음반에 수록된 곡이다. 외모에 대한 콤플렉스를 갖고 있던 주인공이 자신에 대한 부정적인 감정을 극복하고, 자존감을 회복하는 성장의 과정이 재미있게 표현된 노래다.

걸을 때 쇼윈도도 안 보던 내가, 누군가 이름만 불러도 놀라던 내가, 자꾸만 스스로가 좋아지는 건 외모가 달라졌기 때문일까? 아마 그건 아닐 것이다. '한 번 보고, 두 번 보고, 세 번 보니까 조금씩 천천히 내가 좋아져'라는 가사처럼 시 속의 주인공이 자신을 바라보는 삶의 태도가 긍정적으로 바뀌었기 때문일 것이다.

이 노래는 다른 노래에서 좀처럼 찾아보기 힘든 조금 독특한 선율 구조를 지니고 있다. 그건 바로, 70년대 인기가 많았던 신중현의 〈미인〉이라는 노래의 선율과 가사 한 마디를 그대로 활용했다는 점이다. 처음 듣는 노래인데도 어디선가 들어 본 것 같은 친숙한 느낌이 드는 것은 그런 이유 때문일 것이다. 이렇게 기존의 노래와 새롭게 창작되는 노래의 절묘한 만남은 듣는 이로 하여금 옛날에 즐겨 부르던 노래에 대한 향수를 불러일으키고, 어디선가 들어 본 듯한 친근한 느낌을 준다. 또한 본래 곡과 전혀 다른 양상으로 전개되는 선율과 가사로 색다른 즐거움을 느낄 수 있다.

스스로에 대한 자긍심과 사랑은 삶을 대하는 태도나 다른 사람들과의 관계에도 커다란 영향을 미친다. 급격한 신체적 변화에 움츠러들고 외모에 대한 자존감이 줄어들기 쉬운 초등학교 고학년 어린이들과 이 노래를 함께 들으며, '너도 참 멋지고 괜찮은 아이야!'라고 따뜻한 위로를 건네 보자.

Tip 신중현의 〈미인〉
1974년 《신중현과 엽전들》이라는 록그룹의 데뷔 앨범에 수록된 타이틀곡으로 쉬운 가사, 단순한 코드 진행, 짧지만 중독성 있는 멜로디로 인해 많은 사람들의 사랑을 받으며 40만 장의 앨범 판매를 기록하였다. 하지만, 박정희 정권의 10월 유신에 저항한 학생들이 가사를 바꿔 많이 불렀다는 이유로 금지곡으로 지정되는 아픔을 겪기도 했다.

노래 속에 숨은 또 다른 노래 찾기

앞서 말한 것처럼 이 노래는 과거 유명했던 대중가요인 신중현의 〈미인〉이라는 곡의 한 소절(물론, 어린이들은 모르는 경우가 더 많겠지만)을 그대로 가져와 노래의 한 마디를 구성하였다. 그래서 그 대중가요를 한번 감상해 보고, 〈맘대로 거울〉의 어떤 부분에서 그 노래의 일부가 활용되었는지 찾아보는 활동은 배울 노래에 대한 호기심을 불러일으키고, 노래의 가사를 유심히 살펴보는 데 도움이 된다. 대중가요를 감상하고 활용된 부분을 찾을 때 처음에는 〈맘대로 거울〉의 악보는 제시하지 않고, 노래만 듣고 해당 가사를 말해 보도록 하는 것이 노래에 대한 집중력을 더욱 높일 수 있을 것이다.

구 분	활동 내용
활동 1	〈숨겨진 노래 듣기〉 "이 노래에는 선생님이 어린 시절 자주 들었던 대중가요의 일부분이 숨어 있습니다. 그 대중가요를 한번 들어 봅시다."
활동 2	〈악보 보지 않고 제재곡 들으며 활용된 가사 찾기〉 "악보를 보지 않고 〈맘대로 거울〉을 들으며 대중가요의 일부분이 활용된 가사를 말해 보세요."
활동 3	〈숨겨진 노래 듣고, 제재곡 악보 보며 활용된 마디 찾기〉 "신중현의 〈미인〉을 다시 들으며, 〈맘대로 거울〉 악보 속에서 〈미인〉의 일부분이 활용된 마디를 찾아봅시다."

'숨겨진 노래를 찾아라' 활동 순서

나와 비슷한 장점을 가진 친구 찾기

〈맘대로 거울〉은 주변의 시선을 지나치게 의식하던 소심한 주인공이 평소 미처 발견하지 못했던 자신의 장점을 찾아보려는 노력을 통해 긍정적인 자아를 회복해 가는 성장 과정을 잘 담고 있다. 이 노래를 통해 자존감을 높이는 데 도움이 되는 활동을 해 보면 어떨까?

어린이들과 노래를 배운 후 자신의 장점을 5~6가지 적은 다음 교실을 돌아다니면서 자신과 비슷한 장점을 가진 친구를 찾는 활동을 해 보면, 자존감을 높이는 데 도움이 될 뿐 아니라 자연스럽게 학급 친구의 장점을 알아 가는 좋은 기회가 될 것이다. 이때 자신의 장점을 찾는 일 자체를 어려워하는 어린이도 있을 수 있으니 활동을 하기 전에 '잘 웃는 것', '지각하지 않는 것'과 같이 사소한 일들도 큰 장점이 될 수 있음을 충분히 말해 준다.

아래의 활동지처럼, 자신의 장점을 주어진 칸에 적은 다음, 만나는 친구와 자연스럽게 서로의 장점을 나누고, 본인과 비슷한 장점을 적은 친구의 이름을 자신의 장점 바로 아래 칸에 적어 주도록 한다. 그래도 자신의 장점이 잘 떠오르지 않는다고 말하는 어린이가 있다면, 친구와 이야기를 나누는 과정 속에서 발견한 장점도 추가할 수 있도록 하여 활동 자체에 대한 부담을 줄여 주는 것이 좋다.

나와 장점이 비슷한 친구를 찾아라!								
인사를 잘한다			발표를 잘한다			편식을 하지 않는다		
이은솔	주소연	박지우	손효주	신구영	이주원	김수현	용재윤	김다현
글씨가 예쁘다			리코더를 잘 분다			친구들과 사이좋게 지낸다		
주소연	박지우	강다현	강다현	이은솔	박지우	주소연	강리우	김한솔
피구를 잘한다			다른 친구 이야기를 잘 들어 준다			솔직하게 말한다		
박시율	박지우	이도윤	박지우	이은솔	양가은	이은솔	양가은	박지우

나와 장점이 비슷한 친구 찾기

메들리로 동요 부르기

'음악'이라는 장르는 다양한 색깔의 가락과 리듬을 어떻게 배치하느냐에 따라 새로운 분위기를 다채롭게 표현할 수 있는 예술이다. 〈맘대로 거울〉에서 다른 노래의 일부분을 그대로 사용한 점이나, 노래의 공연 형태 중 '메들리'라는 노래 형식이 존재하는 것도 아마 이런 이유 때문일 것이다.

다음에 제시된 노래는 〈섬집 아기〉, 〈하늘나라 동화〉, 〈바닷가에서〉, 〈등대지기〉 네 가지 동요의 부분들을 차례대로 연결하여 완성한 노래다. 처음에는 도움 자료로 제공되는 음악 파일로 멜로디만 들려주고, 어린이들이 자신의 경험을 더듬어 활용된 노래를 떠올려 볼 수 있도록 하자. 그런 다음 이 노래를 함께 불러 본다면, 음악의 조화가 주는 풍성함을 느낄 수 있는 신선한 경험을 얻을 것이다.

메들리로 노래 부르기 악보

나 혼자
자라겠어요
임길택

길려지는 것은 신비하지 않아요
소나 돼지나 염소나 닭
모두 시시해요
그러나, 다람쥐는
볼수록 신기해요
어디서 죽는 줄 모르는
하늘의 새
바라볼수록 신기해요
길려지는 것은
아무리 덩치가 커도
볼품없어요
나는
아무도 나를
기르지 못하게 하겠어요
나는 나 혼자 자라겠어요

삶 당당한 시다.
아무도 나를 기르지 못하게
한 거라네, 그저 나 혼자
스스로 자란 거라네 말이다.
개도 고양이도
한 두 달쯤이면
혼자 살아가는 법을 배운다.
사람은 얼마나 걸릴까.
평생 혼자 살아가는 법을 배우지 못하는
사람도 있는 건 아닐까.

나 혼자 자라겠어요

임길택 시 · 백창우 곡

길 러 지 는 것은   신 비 하 지 않 아 요   소 나 돼 지 나   염 소 나 닭 —

무 두 기 시 해 요 —

그 러 나 다 람 쥐 는 —   볼 수 록 신 기 해 요 —

어디서죽는지모르는   하 늘 의 새 —   바 라 볼 수 록 신 기 해 요 —

길 러 지 는 것은   아 무 리 덩 치 가 커 도   볼 품 없 어 요 —

나 는 아 무 도 나 를   기 르 지 못 하 게   하 겠 어 요 —

나 는 나 혼 자 —   나 혼 자 자 라 겠 어 요 —

나 혼자서도
멋지고
당당하게

혼자 사는 사람들의 이야기가 나오는 텔레비전 프로그램이 있다. 혼자 밥을 먹고, 혼자 운동을 하고, 해야 할 일과 하고 싶은 일을 하나씩 한다. 처음 그 프로그램을 보면서 혼자 사는 일이 누구에게는 마냥 쉽지는 않겠다는 생각을 했다. 어른이 되면 당연히 혼자 멋있게 살 수 있을 거라 생각했는데 어른이 되어도 다들 사연이 있다. 그런데 가만히 생각해 보면 사람이나 사람이 키우는 동물 말고 다른 생명들은 혼자 잘 살아간다. 하늘을 날아다니는 새가 어디서 태어나고 어디서 죽는지 잘 모른다. 나무를 마음껏 뛰어다니는 다람쥐들도 한겨울을 어떻게 잘 보내는지 모르겠다. 하지만 사람이나 사람과 가까운 것들은 서로의 손길을 필요로 한다.

　누군가의 도움을 받으며 함께 사는 것도 중요하지만 내 몸과 마음을 챙기며 살아갈 힘을 키우는 것이 무엇보다 중요하다. 많은 이들과 함께 사는 곳에서도 자신의 생각과 말을 갖고, 자신이 원하는 삶을 살아갈 수 있는 몸과 마음의 힘 정도는 있어야 한다.

〈나 혼자 자라겠어요〉에서는 길러지는 것들은 시시하고 재미없다고 강력하게 말한다. 그래서 '나'는 시시하고 재미없지 않게 혼자 자랄 거라고 한다. '세상을 재미있게 살아가기 위해 혼자 잘사는 법을 배워야지!' 노래를 씩씩하게 부를 수밖에 없겠다. 8분음표와 셋잇단음표가 리듬을 더욱 새미있게 만든다. 가사 중에 '그러나 다람쥐는'이나 '길러지는 것은'에서는 어린이들이 목소리를 더 크게 내면서, 혼자서도 잘할 수 있다는 자신감을 보여 주도록 할 수 있겠다.

노래 이외에도 다양한 활동을 통해 어린이들이 혼자 할 수 있는 것, 함께할 수 있는 것을 생각해 보도록 하자. 노래를 부르다 보면 쉬거나 기다렸다가 불러야 하는 부분들이 있다. 몇 가지 타악기를 골라 이 부분에서 악기를 두드리며 노래에 담긴 재미있는 부분을 더 잘 알아보자.

'나 혼자 할 수 있는 것' 책 만들기

"나 혼자 할 수 있는 것들은 무엇일까?"
"저는 혼자 라면을 끓일 수 있어요."
"혼자 버스 타고 할머니 집에 갈 수 있어요."
"자전거 타고 옆 동네까지 다녀올 수 있어요."

"혼자 서점에서 책을 살 수 있어요."

어린이들과 나 혼자 할 수 있는 것으로 이야기를 나누다 보면 잘 할 수 있는 것이 하나둘 점점 늘어난다. 혼자서도 잘할 수 있는 것들을 글로 써서 정리하고 책으로 만들어 보자.

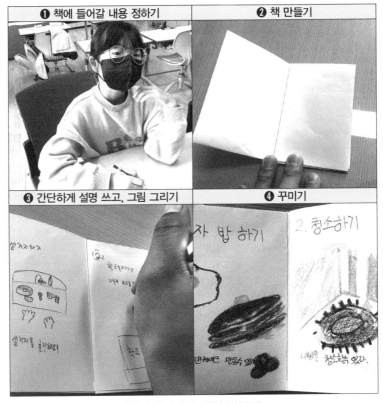

'혼자 할 수 있는 것' 책 만들기

말리듬 놀이 + 노래에 넣어 함께 부르기

셋잇단음표와 8분음표 두 개나 16분음표가 포함된 곡은 리듬의 표현이 달라야 한다. 모든 노래를 악보대로 불러야 하는 것은 아니지만 노래를 만든 사람의 의도를 아는 것도 중요하다. 노래를 만드는 사람은 느낌이나 경험에 의해 의도를 가지고 노랫말과 가락의 어울림, 리듬의 어울림을 만들어 내기 때문에 노래를 부르면서 그러한 의도를 존중해 주는 것도 필요하다. 아래의 리듬 놀이를 해 보면 곡의 리듬 표현을 정확하게 하는 데 도움이 될 것이다.

과일 이름에 한 글자, 두 글자, 세 글자, 네 글자를 골라서 표현해 보자.

배	배	배	배
♩	♩	♩	♩
타	타	타	타
파인애플	파인애플	파인애플	파인애플
♫♫	♫♫	♫♫	♫♫
티리리리	티리리리	티리리리	티리리리

사과	사과	사과	사과
♪♪	♪♪	♪♪	♪♪
티티	티티	티티	티티
바나나	바나나	바나나	바나나
♫	♫	♫	♫
트(리)올라	트(리)올라	트(리)올라	트(리)올라

두 가지 이상을 섞어서도 해 보자.

배	배	사과	사과	배	사과	배	사과
♩	♩	♪♪	♪♪	♩	♪♪	♩	♪♪
타	타	티티	티티	타	티티	타	티티
사과	사과	파인애플	사과	사과	사과	바나나	배
♪♪	♪♪	♫♫	♪♪	♪♪	♪♪	♫	♩
티티	티티	티리리리	티티	티티	티티	트(리)올라	타

이제 노래에 넣어 불러 보자.

고백

안건영

착하다
착하다
자꾸 그러지 마세요
위, 아래, 오른쪽, 왼쪽 꽉 막힐 때도 있는걸요
좋은 마음이 빠져나올 틈
없을 때도 많다구요

만날만날
착하기는 힘들어요

어떻게
맨날맨날 착할 수가 있어.
자꾸 그런 주문 걸지 마.
부담스럽다는 말야.
어른들도 어렸을 때가 있었을 텐데
왜 자꾸 그러는 걸까.

"못났다
못났다
자꾸 그러지 마세요
맨날맨날
못나기도 힘들어요"

이렇게 다른 말로
바꿔 불러도 되는 노래다.
          맨날맨날
     1등 하기도 힘들고
     꼴등하기도 힘들다.
학교 가는 것도 힘들고
학원 가는 것도 힘들다.
     어른들도
     알긴 알겠지.

맨날맨날 착하기는 힘들어요

시 원제 <고백>

안진영 시 · 백창우 곡

착 하 다 착 하 다 자 꾸 그 러 지 마 세 요

위 아 래 오 른 쪽 왼 쪽 꽉 막 힐 때 도 있 는 걸 요

좋 은 마 음 이 빠 져 나 올 틈 없 을 때 도 많 다 구 요

맨 날 맨 날 착 하 기 는 힘 들 어 요

착하고 싶지 않을 때도 있는 나

"아유, 착하기도 해라!", "착하게 행동해야지!"

평소 어른들이 입버릇처럼 어린이들에게 자주 건네는 말이다. 대부분 좋은 의도로 그렇게 말하는 것이지만, 그때그때의 상황이나 기분과는 상관없이 늘 착하기만을 강요(?)받는 어린이 입장에서는 부담이 되는 말일 수 있다. 특히 상대방의 잘못으로 인해 화가 나는 상황에서도 친절하고 공손한 태도를 요구받는다거나, 문제의 해결점을 찾을 수 없어 답답하기만 한 마음에 대고 어른들이 무심코 던진 이런 말은 오히려 상처로 남기 마련이다.

〈맨날맨날 착하기는 힘들어요〉는 어린이들에게 무턱대고 착하고 바른 생활만을 강요할 것이 아니라, 현재의 기분과 감정에 귀 기울여 주어야 한다고 여리지만 분명한 목소리로 이야기하고 있는 노래다. 제목만 보면 톡톡 튀는 듯한 어린이의 이미지가 떠올라, 경쾌하고 빠른 비트의 리듬으로 구성되어 있을 것 같지만, 실제로는 어른들에게 하소연하듯 느리고 차분한 멜로디로 구성되어 있다. 어떻게 보면 답답한 심정을 담담하게 표현하고 있기에, 노래 속에 담긴 어린이의 심정이 더욱 진정성 있게 다가온다.

한 번쯤 어린이에게 위로가 필요할 때, 어른들이 정해 놓은 엄격한 잣대로 인해 좌절하는 친구들을 발견할 때, 이 노래를 함께 나눠 보시기를 권한다. 이런 경우엔 억지스럽게 어떤 방향이나 해결점을 제시하려는 시도보다는, 어린이들의 심정을 가만히 어루만져 주는 노래 하나가 더욱 따뜻한 힘을 발휘하기도 한다.

'이럴 때 정말 착하기 어렵다' 주장하는 글쓰기

어린이들은 어떤 상황에서 꽉 막힌 듯한 기분을 느끼고, 좋은 마음이 빠져나올 틈이 생기지 않을까? 이 활동은 노래를 배우기 전, 가사를 함께 읽으며 가사를 쓴 이가 노래에 담고자 했던 의미를 더 깊이 만나 볼 수 있는 활동이다. 글의 주제 자체가 어린이들의 고민과 맞닿아 있고, 저마다의 경험을 떠올릴 수 있는 요소를 충분히 내포하고 있어서, 몇 가지 예시만 상세하게 제시해 줘도 어린이들이 어렵지 않게 참여할 수 있다.

다만, 이 활동을 할 때는 단순히 어른들에 대한 불만을 표출하는 것에만 그치지 않도록, 그런 감정을 느낀 상황과 어른들에 대한 바람이나 주장이 구체적으로 담기도록 안내하는 것이 중요하다. 또한 주장하는 글의 기본적인 형식을 갖추어 쓸 수 있도록 다음과 같이 글의 개요를 먼저 적어 보게 하는 것도 글의 짜임새를 높이는 데 효과적이다.

구분	주요 내용
상황	동생은 어리다고 내가 대신 하는 경우
나의 주장	동생도 심부름을 공평하게 시키면 좋겠다
이유(근거)	1. 동생이 어리다고 나에게 심부름을 더 많이 시킨다 2. 동생이랑 나를 비교하는 게 화가 난다
심부름을 시킬 때 대부분 동생은 어리다고 나에게 심부름 시키는데 동생이 어리다는 이유만으로 대부분의 심부름을 내가 하는 게 이해되지 않는다. 왜냐하면 나도 아직 13살인데 동생과 나를 비교하기 때문이다. 그래서 앞으로는 동생과 나를 비교하지 않으면 좋겠다.	

'이럴 때 정말 착하기 어렵다' 주장하는 글쓰기 예시

곡의 느낌에 따라 파트를 나누어 노래 부르기

가창력을 돋보이게 하려고 무조건 고음을 세게 부르는 것만이 노래를 잘 부르는 것은 아니다. 노래의 분위기에 따라 어떤 부분에선 여리게 부르다가, 또 어떤 부분에선 폭발적인 가창력이 두드러지게 부르면 '이 사람 정말 노래를 잘 부르는구나!'라는 평가를 받는다. 즉, 노래에서도 적절한 완급 조절과 절정에 다다르기 위한 일련의 과정이 필요하다. 아마도 TV에서 방영되는 노래 오디션 프로그램을 유심히 본 어린이라면 이 점을 잘 알고 있을 것이다.

〈맨날맨날 착하기는 힘들어요〉는 합창으로 부를 때도 처음부터 끝까지 모든 어린이가 부르기보다는 적절히 역할을 분담하여 불러보는 것이 좋다. 즉, 첫째 단과 둘째 단은 성별이나 분단에 따라 나누어 부르고, 셋째 단은 독창으로, 넷째 단은 합창으로 편성하여 부르는 식으로 하면 보다 색다른 느낌을 낼 수 있다. 별것 아닌 것 같아도 이런 사소한 배치 하나가 어린이들의 곡에 대한 몰입력을 높일 수 있다.

구분	노래 가사	파트	표현 방법
첫째 단	착하다 착하다 자꾸 그러지 마세요	여	여리게
둘째 단	위아래 오른쪽 왼쪽 꽉 막힐 때도 있는 걸요	남	첫째 단보다는 조금 세게
셋째 단	좋은 마음이 빠져나올 틈 없을 때도 많다구요	독창	가장 여리게, 말하듯이
넷째 단	맨날 맨날 착하기는 힘들어요	합창	점점 세게

노래 파트 구성 예시

노래 일부분을 칼림바로 연주하기

〈맨날맨날 착하기는 힘들어요〉는 느리고 서정적인 분위기로 이루어진 곡이라 맑고 청아한 소리를 지닌 칼림바로 연주하기에 좋다. 칼림바는 '손가락 피아노'라고 불리기도 하는데, 숫자로 이루어진 악보만 있으면 간편하게 연주할 수 있고, '도미솔', '솔시레', '파라도'와 같은 주요 3화음의 음계가 연속적으로 배치되어 있어 화음 연주에도 적합한 악기이다.

칼림바는 계이름으로 익히기보다 아래의 악보처럼 숫자 기호로 익히는 것이 효과적인데, 1~7까지의 숫자는 도~시의 음을 나타내며, 숫자 위의 점은 그 숫자보다 한 옥타브 높은 음을 말한다. 아쉽게도 흔히 활용되는 17음계 칼림바로는 둘째 단의 반음을 표현할 수 없기 때문에 이 활동에서는 셋째 단과 넷째 단의 악보만 연주하는 것으로 구성하였다.

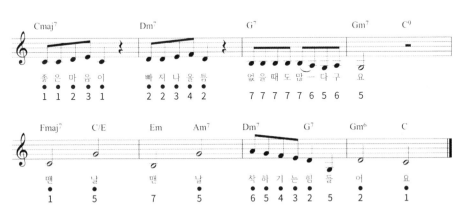

〈맨날맨날 착하기는 힘들어요〉 칼림바 악보

_랑

정유경

낭랑한 네 목소리가 좋아
명랑한 네 모습이 좋아
너랑 매일 짝하고 싶어
너랑 매일 놀고 싶어
살랑살랑살랑 봄바람처럼
촐랑촐랑촐랑 설레는 내 마음
자랑하고 싶어, 나는
사랑에 빠졌어

아이들도
누군가를 좋아하고 그리워한다.
누군가 때문에 설레고
누군가 때문에 꽃도 별도 새롭게 보인다.
이걸 모르는 어른이 있다면
낳자마자 바로 어른이 되었거나
어린 시절을 영 재미없게 보낸
사람일 거다.
시 위 제목은 <-랑기이다.
시 안에, 노래 안에 '랑'이
몇 개나 숨어있을까.

나는 사랑에 빠졌어

시 원제 <-랑>

정유경 시 · 백창우 곡

낭랑한 네 목소리 가 ― 좋 아 ― 명랑한 네 모습이 좋 아 ―

너 랑 매 일 짝 하 고 싶 어 너 랑 매 일 놀 ― 고 싶 어

살 랑 살 랑 살 랑 봄 바 람 처 럼 촐 랑 촐 랑 촐 랑 설 레 는 내 마 음 ―

자 랑 하 고 싶 ― 어 나 는 사 랑 에 빠 졌 어

좋아하는 친구를 향한 나의 솔직한 고백

나는 사랑에 빠졌어

"아, 뭐예요, 선생님!", "이 노래는 동요 같지 않고 꼭 가요 같아요."

백창우 선생님이 비교적 최근에 만든 〈나는 사랑에 빠졌어〉는 처음 들려줄 때 어린이들이 격한 반응을 보이는 노래 중 하나다. 야유와 같은 독특한 괴성을 지르는 어린이, 물어보지도 않았는데 자신은 그렇지 않다고 손을 내젓는 어린이 등 반응은 제각각이지만, 이상하게도 그 얼굴만은 환하게 웃고 있다. 너무너무 말하고 싶었는데 차마 내뱉을 수 없었던 비밀을 누군가가 대신 시원스레 폭로라도 해준 것처럼 말이다.

지금의 어린이들은 자신의 감정을 드러내는 데 스스럼이 없다. 특히 좋아하는 친구에 대한 특별한 감정을 예전에는 겉으로 표현하지 않고 속앓이를 하는 경우가 많았는데, 요즘은 당당하게 고백하는 어린이도 많고, 공식적으로 커플임을 선언하는 어린이들도 있다. 이렇게 자기감정을 솔직하게 표현하는 어린이들의 과감한 행동이 한편으론 당혹스러우면서도, 어떤 때는 그 꾸밈없는 모습이 부러울 때도 많다.

〈나는 사랑에 빠졌어〉는 친구를 좋아하게 된 한 어린이의 솔직한 고백을 과감하고 직설적으로 표현한 노래다. 가사를 보면 알 수 있듯이, 그렇다고 자신이 좋아하는 친구에게 특별하게 바라는 건 없다. 그냥 매일 짝이 되고 싶고 같이 놀고 싶을 뿐이다. 그저 내가 너를 좋아한다고 동네방네 자랑하고 싶을 뿐이다. 이 곡에 어린이들이 폭발적으로 반응하는 가장 큰 이유는 겉으로는 아닌 척 좋아하는 마음을 숨기고 있는 어린이에게는 용기를 주고, 이미 적극적으로 호감을 나타내고 있는 어린이에게는 깊은 공감을 주기 때문일 것이다.

16비트의 경쾌하고 생동감 넘치는 리듬으로 구성되어 있는 이 노래는 가사가 길지 않지만, 친구에게 느끼는 어린이의 순수한 감정이 잘 담겨 있다. 또한 첫째 단의 '목소리가 좋아', 둘째 단의 '짝하고', '놀-고' 부분에서는 반음을 적절히 활용하여 단조로울 수 있는 가락에 긴장감을 줌으로써 세련된 가요를 부르는 듯한 느낌도 준다. 무엇보다도 마지막에 나오는 '자랑하고 싶어, 나는 사랑에 빠졌어.'라는 부분은 사랑이 어른들만의 전유물이 아니라, 우리도 감정이 있다는 어린이들의 당당한 선언 같아서 이 노래의 매력을 더욱 짙게 만든다.

숨겨진 글자 찾기와 특정한 글자에서 모션 취하기

〈나는 사랑에 빠졌어〉는 한 글자를 지속적으로 반복함으로써 노래의 운율이 강하게 느껴지도록 구성되어 있다. '랑'이라는 글자는 이 노래에서 처음부터 끝까지 총 12번 등장한다. 이것은 노래의 리듬감을 높이기 위한 백창우 선생님의 의도된 가사 배치라고 볼 수 있다.

악보를 보지 않은 채 '랑'이라는 글자를 뺀 나머지 가사를 제시하여 어떤 글자인지 맞춰 보는 활동을 해 보자. 글자를 맞추었다면, 음원을 들려주며 이 노래에 '랑'이라는 글자가 몇 번 등장하는지도 물어보자. 완벽한 악보를 보기 전, 궁금증을 자아내게 만드는 이런 활동은 노래 가사에 담긴 의미를 보다 깊게 만나는 좋은 기회가 될 것이다.

> 낭○한 네 목소리가 좋아 명○한 네 모습이 좋아
> 너○ 매일 짝하고 싶어 너○ 매일 놀-고 싶어
> 살○살○살○ 봄바람처럼 촐○촐○촐○ 설레는 내 마음
> 자○하고 싶-어 나는 사○에 빠졌어

그리고, 이렇게 특정한 글자가 가사에 많이 등장하는 곡을 부를 때는 그 가사가 나올 때 모두가 약속한 동작을 하는 것도 노래를 부르는 또 다른 재미가 될 수 있다. 예를 들어 '낭랑', '촐랑촐랑', '사랑'과 같은 단어가 등장할 때마다 가사의 리듬에 맞게 책상을 두드리거나 친구들에게 손가락 하트를 날리게 하는 식의 동작을 취하게

하면 노래에 대한 집중력을 높일 수 있다. 더군다나 '랑'이 들어 있는 낱말은 4분음표부터 16분음표까지 다양한 음표로 구성되어 있어 어린이들에게 다양한 리듬의 개념을 이해시키는 데도 많은 도움이 될 것이다.

구호를 넣어 8박자 손뼉 치며 노래 부르기

이 곡은 두 마디 단위로 가사의 의미 단락이 끊어지도록 구성되어 있어, 8박으로 구성된 손뼉을 치면서 노래를 부르기에 적합하다. 또한 13, 14마디의 '자랑하고 싶어' 부분을 제외하고는 가사의 문장이 나뉘는 두 마디마다 약간의 쉬는 구간이 있어 특정 구호를 외치며 노래를 불러도 가사와 겹치는 현상이 발생하지 않는다. (13, 14마디의 구호를 외칠 때만, '헤이' 대신에 '나'라는 노래 가사를 그대로 불러 준다.)

　친구에 대한 애정을 가득 담고 있는 곡인 만큼, 옆에 있는 친구와 손뼉을 마주치고 구호도 외치며 노래를 불러 보면, 보다 즐거운 노래 활동이 될 것이다. 다음의 동작은 예시이니, 평소 학급에서 자주 활용하는 박수 동작이 있다면 그것으로 바꾸어도 무방하다.

1박	2박
무릎을 친다	손뼉을 친다
3박	4박
무릎을 친다	옆으로 팔을 벌려 옆 사람과 손뼉을 친다
5박	6박
무릎을 친다	양손을 엇갈아 무릎을 친다
7박	8박
무릎을 친다	'헤이'라고 외치며 만세 동작을 한다

8박자 동작 취하며 노래 부르기

우리 반 최고를 찾아라

'낭랑한 네 목소리가 좋아'로 시작되는 이 노래의 첫째 단은 시 속 주인공 어린이가 친구가 좋아지게 된 이유를 표현한 부분이다. 노래를 배우고 난 후, 자신이 좋아하는 친구의 모습을 생각해 보고 우리 반에 그런 친구가 누구인지 찾아보는 활동을 해 본다면, 미처 생각하지 못한 학급 친구들의 장점을 발견하는 좋은 계기가 될 수 있다.

우선은 예시로 3가지 공통 질문을 미리 제시한 다음, 나머지 3가지는 자신이 질문까지 정한 후, 그 질문에 적합한 우리 반 친구의 이름을 적어 보도록 한다. 항목을 정하는 데 특별한 기준은 없지만, 키나 생김새 등 외형적인 것보다는 친구의 내면적인 장점이나 성격, 특기 위주로 질문을 정하도록 하고, '공부를 가장 못하는 친구?' 등의 부정적인 요소가 질문에 담기지 않도록 유의한다.

또한, 한 번 적은 친구는 다시 적지 않도록 규칙을 정하여, 되도록 많은 학급 친구들이 골고루 언급될 수 있도록 하자. 그런 다음, 이 질문에 대한 답을 바탕으로 가사 바꾸기를 해 보면 노래의 의미를 되새길 수 있는 멋진 마무리 활동이 될 것이다.

노래를 잘 부르는 친구는?	인사를 잘하는 친구는?	준비물을 잘 빌려주는 친구는?
장민진	황지유	김승미
내가 만든 질문		
질문1 축구를 잘하는 친구는?	질문2 수학을 잘하는 친구는?	질문3 친구를 웃게 해 주는 친구는?
이준혁	송주아	박경민

(노래하는) 네 (목소리가) 좋아, (축구하는) 네 (모습이) 좋아

우리 반 친구들의 특징을 담아 노래 가사 바꾸기

내 길을 갈 거야

백창우 + 세명초 아이들

나 아직 어리지만
모르는 것도 많지만
날 믿어주는 사람이 어딘가 있을 거야
조금만 기다려 주면
나도 할 수 있어
내가 꿈꾸는 대로 살 수 있어

나는
내 삶의 주인공
내 길을 갈 거야

말리지 마, 믿어 줘
내가 가는 길을
막지 마, 믿어 줘
내가 꾸는 꿈을

서울의 한 혁신학교에서
지금까지와는 좀 다른
교가를 만들어줬으면 좋겠다고 해서
만든 노래다.
노래를 만들기 전 나는, 그 학교의
아이들과 선생님들에게 '내가 바라는 학교'
에 대해 한 줄씩만 써달라고 했고
그렇게 모아진 글을 읽고
이 노래를 만들었다.
이 노래처럼 누구나 자기 삶의
주인공으로 살았으면
좋겠다.

내 길을 갈 거야

내 길을 갈 거야

내 삶의
주인공은
바로 나

"이 노래가 정말 교가예요?", "학교 이름도 안 나오는데요?"

이 곡을 처음 들은 어린이들은 이 노래가 교가가 맞는지부터 확인한다. 그도 그럴 것이 지금껏 자신들이 불러 오고 들어 온 교가와는 곡의 분위기도 다르고, 학교 이름 자체가 나오지 않는 교가가 조금 생소하게 느껴졌을 것이다.

사실 저학년을 제외하고는 교가를 흥겨운 마음으로 즐겨 부르는 어린이는 별로 없다. 이처럼 학교를 대표하는 노래인 교가가 행사 때만 부르는 노래가 되어 버린 가장 큰 이유는 교가가 학교의 주인인 어린이의 삶을 충분히 담아내지 못하기 때문이 아닐까? 행진곡 풍 위주의 딱딱한 곡의 형식 또한 지금의 어린이들 감성과는 거리가 멀다.

〈내 길을 갈 거야〉는 서울형 혁신학교인 세명초등학교 교가로 백창우 선생님이 학생들과 교사들이 한 줄씩 쓴 글을 다듬어 쓴 가사에 곡을 붙여 만든 노래다. 이 노래엔 교가라면 당연히 등장하는 강과 산의 이름은 나오지 않으며 으레 물려받아야 했던 고장의 정기도 찾아볼 수 없다. 대신 어린이들의 바람과 꿈을 가사 곳곳에 꽉꽉 채워 놓았다. 무작정 학교에 대한 사랑을 강요하는 것이 아니라, 어린이 각자가 걸어가는 길을 학교 공동체가 함께 기다려 주고 믿어 줘야 한다고 말하고 있다. 또한 이 곡은 특정 학교를 강조하기보다는 꿈을 키워 가는 학생 개개인의 삶에 주목하고 있어, 세명초 학생들이 아니더라도 노래 속에 담긴 학교 공동체가 추구해야 할 교육적 가치를 함께 나눌 수 있다.

　이 곡은 여덟 단으로 이루어진 다소 긴 노래지만, 학생들 입말에 맞게 가사가 배치되어 있고, 쉽고 친근한 리듬과 선율 구조로 몇 번만 들으면 쉽게 따라 부를 수 있다. 특히 '야야야야'로 시작되는 첫 도입부는 마치 어린이들이 어깨동무를 하고 흥겹게 춤을 추는 듯한 느낌을 자아내면서 곡의 생동감을 더한다. 노래 중간에 등장하는 '여기'라는 구호나 '야야야야'와 '믿어 줘'에 표현된 악센트를 보다 실감 나게 강조해 준다면 노래의 재미가 한층 높아질 것이다.

다양한 교가를 감상하고 느낌 나누기

어린이들이 살아가며 다른 학교의 교가를 주의 깊게 들어 볼 기회가 얼마나 될까? 세명초 교가와 같이 기존의 교가가 지닌 틀을 과감히 벗어던진 새로운 느낌의 교가를 들어 보고, 한 공동체를 대표하는 노래가 담고 있는 비전과 바람에 대해 함께 이야기해 보자. 이러한 활동은 어린이들이 다양한 음악을 이해하고, 자신이 몸담고 살아가는 학교의 가치와 다른 의미를 다시 한 번 생각해 볼 수 있는 계기가 될 것이다.

다음의 활동지에는 〈위키드〉로 인해 유명해진 간디학교의 교가 〈꿈꾸지 않으면〉과, 〈모두가 꽃이야〉라는 곡으로 유명한 류형선 선생님이 작곡한 백운호수초 교가 〈더불어 숲을 이루자〉, 전남 작은 학교의 의뢰를 받아 몇 년 전 새롭게 창작하게 된 계산초등학교 교가가 제시되어 있다.

구분	간디학교 교가	백운호수초등학교 교가	계산초등학교 교가
유튜브 영상 화면 (해당 교가 이름으로 검색)			
곡의 분위기는 어떠한가요?	•밝다 •감동적이다 •잔잔하다 •귀엽다	•밝다 •재미있다 •힘차다 •귀엽다	•조금 느리다 •밝다 •힘차다
노래를 듣고 가장 생각나는 가사가 있다면?	– 배운다는 건 – 가르친다는 건 – 희망을 노래하는 것	– 더불어 숲을 이루자	– 여기가 우리 학교라서 나는 정말 좋아요
이 교가에서 추구하는 학교의 모습은?	꿈	숲(자연)	행복

여러 빛깔의 교가 감상하고 느낌 적어 보기

후렴구를 활용하여 반가 만들어 부르기

 어린이들이 직접 가사를 쓰고 가락도 붙인 반가 제작은 곡의 완성도와는 무관하게, 자신들의 문화를 스스로 만들어 간다는 의미에서 그 자체만으로 가치가 높은 예술교육이다. 하지만, 화성이나 코드에 대한 어느 정도의 지식이 있어야 가능한 일이라 학급 활동으로 쉽사리 엄두를 내지 못하는 경우가 많다. 이때 큰 노력을 기울이지 않고 시도해 볼 만한 활동이 '노래 가사 바꾸기를 활용한 반가 만들기'다.

 〈내 길을 갈 거야〉는 학교에 대한 자긍심이나 공동체가 요구하는 가치를 담고 있기보다는 학생 개인의 삶을 따뜻한 시선으로 바라보고 있는 곡이라 반가로 활용해도 크게 무리가 없다. 쉽고 경쾌한 가락과 리듬으로 이루어진 8마디의 후렴구를 우리 반이 추구하는 비전으로 바꿔 부른다면, 세상에 하나뿐인 반가를 쉽게 만들 수 있다.

 노래 가사 바꾸기를 할 때는 음표와 가사의 수가 맞지 않아 노래를 부를 때 어려움을 겪는 경우가 많다. 그럴 때는 다음의 활동지와 같이 바꿔야 할 가사를 마디별로 끊어 제시해 보자. 학생들이 주어진 리듬에 맞게 가사를 바꾸는 데 많은 도움이 된다. 또한 7, 8마디의 둘째 박과 넷째 박에 손뼉을 치거나 8마디의 넷째 박에 '가자', '좋아'와 같은 두 글자 구호를 넣어 불러 보는 것도 반가에 생동감을 더하는 좋은 방법이다.

노래 후렴구 가사 바꾸어 반가로 활용하기

학교 이름으로 자신의 꿈을 담은 삼행시 짓기

〈내 길을 갈 거야〉는 한 학교를 상징하는 교가이긴 하지만, 저마다 다양한 개성을 지닌 어린이들의 소중한 꿈에 대한 이야기를 담고 있다. 그래서 이 노래를 배운 후, 학교 이름을 이용하여 자신의 꿈이나 바라는 세상을 담아 삼행시 짓기를 해 보자. 학교 공동체에 대한 애정을 높이는 동시에, 자신의 꿈과 오늘을 살아가는 자신의 모습에 대해 되돌아 볼 수 있는 좋은 기회가 되지 않을까?

화	화를 잘 내지 않는 너그러운 마음을 기를게요.
명	명주실처럼 단단한 꿈을 키워
초	초록 색깔이 넘치는 세상 만들어 갈게요.

학교 이름으로 3행시 짓기

리코더로 2부 합주하기

〈내 길을 갈 거야〉의 리듬과 멜로디는 쉽고 단순하며, 전체적인 음역이 리코더로 연주하기에 더없이 좋은 곡이다. 특히 이 노래의 다섯째 단은 원곡 자체가 2부로 구성되어 있어, 악보대로 부르기만 해도 어린이들과 멋지게 리코더 2부 합주를 시도해 볼 수 있다.

이 노래는 바장조로 구성되어 있어, 학생들과 전체 곡을 연주하기 전, '시b'의 운지를 충분히 연습해 두는 것이 좋다. 특히 '시b'이 여러 번 나오는 2마디와 14마디를 반복적으로 연주해 보자. 이 부분을 무리 없이 연주할 수 있다면, 전체 곡을 연주할 때도 무난히 따라갈 수 있을 것이다. 또한 이 노래의 7마디와 30마디에 등장하는 스타카토도 다른 부분과 똑같이 연주하지 않도록, '둣'이라고 짧게 끊어 텅잉하는 연습을 반복해야 한다. 짧은 구간이긴 해도, 노래 중간에 만나는 연주 방법의 변화는 전체적인 곡의 느낌을 보다 생동감 넘치게 만드는 데 효과적이다.

겨울 물오리

이원수

얼음 어는 강물이
춥지도 않니?
동동동 떠다니는
물오리들아

얼음강 위에서는
맨발로 노는
아장아장 물오리
귀여운 새야

나도 이젠 찬바람
무섭지 않다
오리들아, 이 강에서
같이 살자

〈겨울 물오리〉는
이원수 선생님이 병상에서 쓴
마지막 시다.
참 놀랍다. 죽음을 눈 앞에 두고도
이렇게 희망을 노래하다니.
얼음장 위에 맨발로 서서도
찬바람을 두려워하지 않는 저 꿋꿋함.
'예술의 전당'에서 닷새동안
이원수동요음악회 《누렁아 울지말고
나랑 같이 놀자》를 가질 때
나도, 함께 공연을 한 '굴렁쇠아이들'도
참 행복했다.
그 음악회 팜플렛에 나는 이렇게 썼다.

"아름다운 노래는 아름다운 마음을
꽃 피울 작은 씨앗이고, 아름다운 마음은
아름다운 세상을 꽃피울 고운 씨앗이지요.
이원수동요에는
이런 씨앗들이 잔뜩 들어 있습니다.
좋은 세상으로 가는 길이 숨어 있습니다."

겨울 물오리

이원수 시 · 백창우 곡

얼 음 어 는 강 물 이 — 춥 지 도 않 니 —

동 — 동 동 — 떠 다 니 는 — 물 오 리 들 아

얼 — 음 장 위 에 서 도 — 맨 발 로 노 는 —

아 장 아 장 — 물 — 오 리 — 귀 여 운 새 야 —

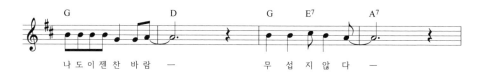

나 도 이 젠 찬 바 람 — 무 섭 지 않 다 —

오 리 들 아 — 이 강 에 서 — 같 이 살 자

두려움을
이겨 낼
나만의 용기

겨울 물오리

이원수 선생님의 생전 마지막 시로 백창우 선생님이 만든 노래다. 노래의 리듬과 가락은 경쾌한데 노랫말은 참으로 슬프다. 처음 노래를 스쳐 듣고는 "아, 신난다. 용기를 주는 노래네." 하고 넘겼는데, 몇 번 듣다 보니 겨울 오리를 보는 어린이의 사연을 혼자 떠올리게 되었다.

오리를 보며 말하는 주인공의 '나도 이제 찬바람 무섭지 않다'라는 말이 추운 날씨도 무섭지 않다는 것이 아니라, 자신의 어려운 처지를 생각하며 용기를 내고 있는 말이구나 싶다. 자신의 마지막 삶의 끝에서도 어린이를 통해 용기를 내는 이원수 선생님 생각도 났다. 죽음을 앞에 두고 힘든 투병의 시간 속에서 이렇게 좋은 시를 쓰셨다니 고맙기까지 하다.

백창우 선생님 노래 가락이 마냥 슬펐다면 이렇게 감동이 크지 않았을 것이다. 리듬은 살짝 경쾌하고 가락은 힘이 넘친다. 통통 튀는 음과 적당한 고음이 들어 있어 노래 부를 때 목청껏 부를 수도 있다. 마음 아픈 날에 서러운 날에 노래 부르면서 얼굴은 웃지만 눈물이 뚝뚝 떨어질지도 모르겠다.

이 노래는 위의 네 단이 두 단씩 비슷한 가락으로 되어 있다. 각 단 세 번째 마디 '춥지도 않니', '물오리들아', '맨발로 노는', '귀여운 새야'의 4분음표가 세 개씩 나오는 부분은 부드럽게 부르거나, 통통 튀게 부르거나 의도를 가지고 부르기에 좋다. 노래의 맛이 잘 살아난다고 할까? 부드럽게 부르면 위로의 기운이 느껴지고, 통통 튀게 부르면 즐거움과 희망의 기운이 더 느껴질 것이다.

어린이집, 유치원, 학교, 마을 등에서 만나는 모든 것이 어린이들에게는 새로운 도전이다. 집에서 주고받는 감정, 활동에서 느끼는 생각이나 경험과 사회에서 느끼는 그것은 매우 다르다. 우리는 늘 무엇인가를 하고 겪으며 살아간다. 어린이들도 그러하다. 겨울 물오리를 보며 찬바람을 이겨 내듯이 우리 어린이들도 이 노래로 주변의 '겪음'을 잘 이겨 내기를 바란다.

그림책으로 다른 오리 친구들 만나기

오리를 떠올리면 귀여우면서도 왠지 느리고 겁도 많을 것 같다. 오리가 주인공인 이야기로 유명한 〈미운 오리 새끼〉가 어쩌면 이런 느껌을 떠올리는 데 영향을 주었을지도 모른다.

그래서 더욱더 오리는 희망과 저항을 나타내기도 한다. 오리가 등장하는 그림책《나의 아기 오리에게》(코비 야마다, 상상의힘)의 오리, 《오리가 한 마리 있었어요》(정유정, 보림)의 오리는 모두 내 삶의 주인은 '나'라는 메시지를 담고 있다. 자신의 삶을 찾기 위한 여행을 떠나는 것에 두려움도 없다. 얼음장 위에서도 맨발로 잘 노는 겨울 물오리는 어쩌면 이 그림책들의 주인공이 아닐까?

어린이들과《나의 아기 오리에게》,《오리가 한 마리 있었어요》를 읽으면서 주인공 오리들이 나를 본다면 어떤 생각을 할지, 나에게 하고 싶은 말은 무엇인지 생각해 봐도 좋겠다. 또, 노래에 나오는 물오리와 이야기에 나오는 오리들이 함께 놀고 있는 모습을 상상해도 재미있겠다.

오리에게 편지 쓰기

오리를 만났더니 할 말이 생긴다. 오리에게도 할 말이 있고, 노래 속 주인공 '나'에게도 할 말이 있다. 또 이 노래를 부르고 있는 나에게도 용기 내라는 말을 할 수 있겠다.

노래에 나오는 오리, 책에 나오는 오리, 노래의 주인공 '나', 그리고 지금 '나'에게 편지를 써 보자. 아니면 지금 용기가 필요한 친구나 가족에게 편지를 써 봐도 좋겠다.

편지의 내용에 겨울 물오리의 시나 노래 일부를 몇 자 적기만 해도 감동이 더 커질 것이다.

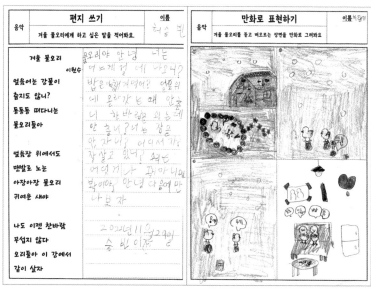

음악	**편지 쓰기**	이름
	겨울 물오리에게 하고 싶은 말을 적어봐요.	허슴빈

겨울 물오리
이원수

얼음어는 강물이
춥지도 않니?
동동동 떠다니는
물오리들아

얼음장 위에서도
맨발로 노는
아장아장 물오리
귀여운 새야

나도 이젠 찬바람
무섭지 않다
오리들아 이 강에서
같이 살자

물오리야 안녕 너는
어느게절에 만오니?
밥은 잘챙겨먹었어? 얼음위
에 올라가는게 안춥
니? 찬바람불면 외는데
안춥니? 너는 잠을
안자니? 어디서자
잘 살고 있니? 저는
여기서나 깔아니됨
북이야? 안녕 다음에 또
만나보자

2022년11월29일
슴빈 이캄

음악	**만화로 표현하기**	이름

겨울 물오리를 듣고 떠오르는 장면을 만화로 그려봐요

음악	**만화로 표현하기**	이름
	겨울 물오리를 듣고 떠오르는 장면을 만화로 그려봐요	김라엘

음악	**만화로 표현하기**	이름
	겨울 물오리를 듣고 떠오르는 장면을 만화로 그려봐요	이방준

노래에 어울리는 리듬 만들기

편지를 쓰고 나면 오리나 '나'에게 더 해 주고 싶은 말이 생길지도
모른다. 노래의 빈 리듬에 내가 하고 싶은 말을 적어 크게 외쳐 보도
록 하자. 어디선가 듣고 있는 누군가는 크게 힘을 낼 것이다.

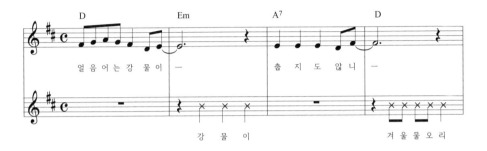

행복한 우리

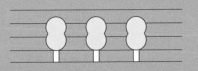

2

말로 해도 되는데

여섯살 조은성

오늘 종찬이가 형아들한테 맞았어요
종찬이가 형아들한테
"야!" 그래서요
그래서 형아들이 종찬이 때렸어요
그런데 "야!" 한 사람이 나빠요,
아니면 때린 사람이 나빠요?
제 생각에는
종찬이가 먼저 나쁘고
그 다음,
형들도 잘못한 것 같아요
말로 해도 되는데

아이들은 마음에 없는 말을
잘 하지 않는다.
아이들 말을 잘 들어보면 그 아이의
생각과 마음을 알 수 있다.
〈말로 해도 되는데〉가 담긴 음반과 책
《만날만날 우리만 자래》는
유치원 아이들 말을 바탕으로
만들었다.
아이들은 누구나 이렇게
서를 품고 있나 보다.

말로 해도 되는데

조은성 어린이 말 · 백창우 곡

오 늘 종찬이 가형아들한테 맞았어 요— 종찬이 가 형아들한 테 야! 그래서요 — 그 래 서

형 아 들 이종 찬 이 때 렸어 요 — 그 런 데

야! 한 — 사 람 이 나 빠 요 — 아 니 면 때 린 사 — 람 이 나 빠 요 —

제 생 각 에 는 — 종 찬 이 가 먼 저 나 쁘 고 —

형 들 도 잘 못 한 것 같 아 요 — 말 로 해 도 되 는 데

다투고
싸우는 건
싫어

"화내지 말고 친구에게 나의 속상한 감정을 차분히 이야기해요."

"그래도 친구가 계속 놀리면 선생님께 도움을 요청해야 해요."

어린이들도 잘 알고 있다. 친구들이 자신을 힘들게 만드는 상황에서 어떻게 해야 하는지를, 화가 난다고 친구들을 때리면 안 된다는 것을 말이다. 하지만 순간적인 분을 참지 못하고 감정적으로 대하다 친구들과 크게 다툼이 벌어지는 일은 교실에서 종종 일어난다.

당사자들과 다툼의 원인을 이야기하며 공정한 해결 방안을 찾아야 하는 교사의 입장에서는 해답이 정해져 있는 이 상황이 곤혹스럽게 느껴질 때가 많다. 아마도 이 노래 가사 속 종찬이와 형들을 바라보는 은성이도 그랬을 것이다.

〈말로 해도 되는데〉는 종찬이와 형들의 싸움을 목격한 한 어린이의 솔직하고 담백한 감정이 잘 담겨 있는 곡이다. 아마도 이 어린이는 형들에게 '야'라고 부른 종찬이도 이해가 되지 않았을 것이고, 화가 난다고 종찬이를 때린 형들도 심하다고 생각했을 것이다. 어쩌면 이 어린이의 생각이 아주 기발하거나 새로운 것은 아닐지 몰라도, 평범한 어린이들의 말과 글을 품은 이런 노래가 귀한 이유는 노래 속 인물의 감정에 자신의 삶을 투영하게 만들어, 노래를 듣는 어린이를 치유와 공감의 시간으로 안내하기 때문이다.

그런 의미에서 어린이들의 회복적 관계 개선에 많은 시간과 공을 들이고 있는 지금의 학교교육 속에서 이 노래가 주는 울림과 가치는 매우 크다. 노래를 듣고 노래 가사 속 상황에 대한 이야기를 어린이들과 자세히 나눠 보고, 노래 속 이야기를 바탕으로 뮤직비디오도 함께 제작해 보자. 때로는 지루하게 이어 가는 여러 가지 말보다 어린이들 내면의 감성을 두드릴 수 있는 이런 노래 하나가 어린이들을 올바른 성장으로 이끄는 데 많은 보탬이 되기도 한다.

노래 가사 속에서 '원인, 이유', '결과, 생각' 찾기

이 노래는 특이하게도 가사의 전체적인 구조가 사건이 일어나게 된 원인과 그 결과로 이루어져 있는데, 아마도 이제 막 자신의 생각을 논리적으로 표현하기 시작한 어린이의 말과 글을 노래 가사로 옮겨 놓았기 때문일 것이다. 그래서 노래를 배우기 전에 가사를 천천히 읽어 가며 전체적인 구조를 파악하는 것도 노래에 드러난 인물의 마음을 이해하는 데 많은 도움이 된다. 이 활동을 하기 전에는 어린이들이 이해하기 쉽게 주변 상황을 예로 들어 가며 원인과 결과의 의미에 대해 충분히 이야기를 나눈 다음, 노래의 가사 속에서 원인과 결과를 찾도록 안내해야 한다.

원인이나 이유	결과나 생각
종찬이가 형들한테 야, 그래서요.	오늘 종찬이가 형아들한테 맞았어요.
종찬이가 형들한테 야, 그래서요.	그래서 형아들이 종찬이 때렸어요.
말로 해도 되는데	종찬이가 먼저 나쁘고 형들도 잘못한 것 같아요.

노래 가사 속에 나타난 원인과 결과 찾기

학교폭력 예방 뮤직비디오 만들기

〈말로 해도 되는데〉의 전체적인 구성은 종찬이와 형들 사이에서 벌어진 불미스러운 상황과 그 일에 대한 한 어린이의 생각으로 이루어져 있다. 그래서 이 곡은 학교폭력이 심각한 사회적 문제로 대두되고 있는 이때, 친구 간 다툼의 원인과 문제점에 대해 이야기 나누기 좋은 노래다. 이 노래로 가사에 따른 어린이들의 연기 장면이 들어간 뮤직비디오 형식의 영상을 어린이들과 자주 만들어 본 경험상, 자신이 직접 그 사람의 입장이 되어 보는 활동은 어떤 문제에 대한 인식을 깊게 하고 보다 나은 성찰을 이끌어 내는 데 효과적이다.

뮤직비디오 영상 제작 순서

순서 1 필요한 인원수를 고려하여 모둠 짜기
순서 2 모둠별로 가사의 흐름에 맞게 연기할 장면 콘티 짜기
순서 3 역할 및 배역 정하기 (감독, 연기자, 촬영자), 연기 연습하기
순서 4 콘티에 따라 연기하고 그 장면을 사진이나 영상으로 담기
순서 5 노래와 가사 자막, 연기 장면을 넣어 UCC 완성하기

오늘 종찬이가 형아들한테 맞았어요

종찬이가 형아들한테 야 그래서요

그래서 형아들이 종찬이 때렸어요

제 생각에는 종찬이가 먼저 나쁘고

〈말로 해도 되는데〉 뮤직비디오 장면 구성 예시

내가 만약 노래 속 장면을 목격했다면

이 노래에서 종찬이와 형들의 싸움을 목격한 어린이는 '종찬이가 먼저 나쁘고 형들도 잘못한 것 같다'는 결론을 내리고 있지만, 이 다툼에 대한 어린이들의 생각은 매우 다양할 수 있다. 그래서 만약 자신이 노래 속의 장면을 목격했다면 어떤 생각을 했을지, 어떻게 했을지 이야기 나누어 보도록 하자. 학급 친구들의 욕설이나 폭력에 대한 서로의 마음과 생각을 확인해 볼 수 있을 것이다.

구분		생각과 이유
노래 속 인물	생각	종찬이가 먼저 나쁘고 형들도 잘못한 것 같다.
	이유	종찬이는 나쁜 말을 했고, 형들도 때렸기 때문이다.
나	생각	형들이 더 나쁘다고 생각한다.
	이유	어린 동생이 '야'라고 하면 좋게 타이르면 되는데 때렸기 때문이다.

'내가 노래 속 장면을 목격했다면' 활동지

딱지 따먹기

사북초 4학년 강원석

딱지 따먹기를 할 때
딴 아이가
내 것을 치려고 할 때
가슴이 조마조마한다
딱지가 홀딱 넘어갈 때
나는
내가 넘어가는 것
같다

《딱지 따먹기》에
있는 노래는 모두
아이들 시에 붙인 노래들이다.
'어린이는 모두 시인'이라고 하는
이오덕 선생님 말이나 '사람의 마음이 끝없이
아름다울 수 있다는 것을 나는 이 아이들에게
배웠다'고 한 김용택 선생님
말이 아니더라도 나는 진작 알아봤다.
아이들은 누구나 시인인 것을
말이다.

딱지 따먹기

강원식 어린이 시 · 백창우 곡

딱 지 따 먹 기 할 때 딴 아 이 가

내 것을 치 려고 할 때 가 슴이 조 마 조 마한 다

딱 지 가 홀 딱 넘 어 갈 때 — 나 는 내 가 넘 어 가 는 것 같 다

가슴이
조마조마한
친구와의
놀이

새내기 교사로 정신없이 생활한 지 1년 정도 되었을까? 노래 배우기 활동을 좀 더 계획적으로 해 볼 욕심에 평소 알고 있던 좋은 노래들을 모아 주제별로 정리하던 때가 있었다. 지금처럼 검색만 하면 원하는 노래를 곧바로 찾을 수 있던 시절이 아니어서, 노랫말이 좋은 대중가요나 민중가요, 창작동요제 수상곡 등 평소 알고 있는 노래 자료를 다양한 경로로 수집하였다. 그러던 중 우연히 친한 선배 교사의 권유로, 그동안 들어 왔던 동요와는 완전히 결이 다른 이 곡을 처음 듣게 되었다. 간주까지 1분도 채 안 되는 짧은 노래였지만, 듣고 난 후 한동안 신선한 충격에서 헤어날 수 없었다. 여전히 동요의 창작이 어른들의 전유물로 여겨지던 그때, 어린이의 글에 곡을 붙인 것도 그랬고, 짧은 가사 속에 어린이의 솔직한 심정을 절절하게 담아낼 수 있다는 것도 놀라웠다. 그동안 어른들의 요구만을 충실히 담는 창작동요로 채워져 있었던 월별 노래 활동 계획을 어린이들 삶에 바탕을 둔 노래로 바꾸기 시작한 것도 아마 이 곡을 처음 만나고 난 이후였을 것이다.

〈딱지 따먹기〉는 국어 교과서에 수록되어 있고, 학급에서 처음 들려주어도 학생들 절반 정도는 금방 따라 부를 수 있는 백창우 선생님의 대표적인 히트곡(?) 중 하나이다. 〈딱지 따먹기〉가 이처럼 많은 이들에게 대중적인 인기를 읽게 띈 사상 큰 요인을 하나 꼽으라면 딱지치기를 하는 어린이의 감정 변화를 단 세 줄로 섬세하게 묘사한 가사에 있다. '딱지가 넘어간다는 것'을 '내가 넘어가는 것' 같다고 비유한 이 노래의 독창적인 표현은 이 상황을 직접 경험한 어린이가 아니라면 흉내조차 내기 힘든 표현이다. 자신의 감정과 경험을 유창한 기교에 기대지 않고, 있는 그대로 솔직하게 드러냈기 때문에 또래 친구들의 공감과 지지를 얻어 낼 수 있는 것이다.

노래 속 감정을 찾아보자

'딴 아이가 내 것을 치려고 할 때 가슴이 조마조마한다.'는 가사에 드러난 어린이의 감정은 떨림과 긴장이다. 그리고 '딱지가 홀딱 넘어갈 때 나는 내가 넘어가는 것 같다.' 부분에서는 아쉬우면서도 절망스러운 어린이의 감정이 고스란히 담겨 있다.

다음과 같이 백창우 선생님이 만든 노래의 가사들을 살펴보면,

대부분 노래 속에 그 일을 겪은 어린이의 감정이 실감 나게 잘 드러나 있다. 노래의 주인공이 되어 가사 속 다양한 상황에서의 감정을 찾아보는 활동은 노래의 장면을 이해하는 것을 넘어, 다른 사람의 마음까지도 헤아릴 줄 알게 만드는 힘이 있다. 만약 어린이들이 노래 속 감정을 찾기 힘들어 한다면, 미리 다양한 감정 언어를 제시해 주는 것도 좋은 방법이다.

노래	노래 가사	노래 속 감정
딱지 따먹기	딱지 따먹기 할 때 / 딴 아이가 내 것을 치려고 할 때 가슴이 조마조마한다 / 딱지가 홀딱 넘어갈 때 / 나는 내가 넘어가는 것 같다	조마조마하다. 슬프다. 긴장된다.
비 오는 날 일하는 소	비가 오는데도 어미 소는 일한다 / 비를 다 맞으며 어미 소는 일한다 / 소가 느리면 주인은 고삐를 들고 때린다 / 소는 소는 음무 음무거린다 / 송아지는 뭐가 좋은지 물에도 철벙철벙 걸어가고 / 아무것도 모르는 듯 밭에서 막 뛴다 / 말 못하는 소를 때리는 주인이 밉다 / 오늘 같은 날은 오늘 같은 날은 / 소가 푹 쉬었으면 좋겠다	주인이 나쁘다. 소가 불쌍하다.
큰길로 가겠다	집에 가려는데 저 앞에 아이들이 있다 / 아이들이 날 보면 나머지라 할까 봐 아무도 없는 좁은 길로 간다 / 왜 요런 좁은 길로 가야 하나 / 언제까지 이렇게 가야 하나 / 난 이제부터 누가 뭐래도 큰길로 가겠다	당당하다. 부끄럽다.
언니 일기장	언니 일기장 훔쳐 봤더니 내 욕이 한 바가지 써 있다 / 싸가지 없고 나댄다나 / 화나지만 아는 척할 수도 없고 / 아무렇지 않게 넘길 수도 없어 / 하루 종일 꿍꿍거리다 / 언니 흉 본 내 일기장 / 책상 위에 슬쩍 놓고 나왔다	화난다. 슬프다. 통쾌하다.
나는 사랑에 빠졌어	낭랑한 네 목소리가 좋아 / 명랑한 네 모습이 좋아 / 너랑 매일 짝하고 싶어 / 매일 놀고 싶어 / 살랑살랑살랑 봄바람처럼 / 촐랑 촐랑 설레는 내 마음 / 자랑하고 싶어 나는 / 사랑에 빠졌어	행복하다. 기쁘다. 자랑스럽다.

'노래 속 감정 찾아보기' 활동지

우선, 활동지의 순서대로 노래를 차례로 들려주며 노래 속에 담긴 인물의 감정을 적어 보게 한 다음, 다음과 같이 나와 비슷한 노래 속 감정과 같은 노래를 선택한 친구를 찾아보는 활동을 진행해 볼 수 있다.

나와 같은 감정의 노래를 찾아라

1단계 노래를 하나 선택하여 자신이 찾은 그 노래의 감정을 도화지에 크게 적는다.
2단계 교실을 돌아다니며 친구가 쓴 노래 속 감정을 보고, 자신과 같은 노래를 선택했을 것 같은 친구들과 모인다.
3단계 모인 친구들에게만 자신이 선택한 노래를 공개하고, 만약 다른 노래를 선택한 친구가 있으면 모두 성공할 때까지 이 활동을 반복한다.

마음 알아맞히기 딱지 따먹기

'마음 알아맞히기 딱지 따먹기'는 딱지를 쳐서 넘기는 쪽이 무조건 딱지를 가져가는 것이 아니라, 딱지를 넘긴 쪽에서 상대방이 노래 가사를 재미있게 바꾸어 쓴 표현을 맞추면 딱지를 가져가는 놀이다. 먼저, 3장의 딱지 겉면엔 노래 속 상황인 '딱지가 홀딱 넘어갈 때'를 적고, 딱지의 안쪽엔 '나는 하늘이 무너지는 것 같다.'와 같이 자신이 바꾼 가사를 3장에 똑같이 적는다. 놀이를 시작하기 전 자신이 어떻게 가사를 바꾸었는지 한 명씩 돌아가며 발표한 후, 교실을 돌아다니며 만나는 친구와 놀이를 시작한다.

만약 딱지를 넘긴 후, 상대방이 바꾸어 쓴 가사를 맞춘다면 딱지를 가져가고, 맞추지 못했다면 다른 상대를 찾는다. 간혹 딱지치기에서 승부가 나지 않을 수도 있는데, 각각 다섯 번의 기회에도 딱지를 넘기지 못했다면 가위바위보로 승부를 가리는 것도 놀이의 속도감을 높이는 방법이다.

딱지 전통 문양 꾸미기

어린이들은 직접 꾸며서 만든 놀잇감에 많은 애착을 가진다. 세상에 단 하나뿐인 유일한 장난감이기도 하지만, 온갖 정성을 들여 완성한 자신의 작품이라는 뿌듯함이 크기 때문일 것이

전통 문양 딱지 만들기 도안

다. 전통 문양 딱지 만들기는 평소 친구들과 즐길 놀잇감을 직접 만들며, 우리의 전통문화에 대해서도 경험해 볼 수 있는 활동이다. 두꺼운 종이에 딱지 도안을 인쇄하여 나눠 준 다음, 다양한 그림 도구를 활용하여 꾸며 준다면 자신만의 개성이 담긴 세상에 하나뿐인 딱지를 완성할 수 있을 것이다.

봤을까

이창숙

언니 일기장 훔쳐봤더니
내 욕이 한 바가지 써 있다
싸가지 없고 나댄다나?
화나지만 아는 척할 수도 없고
아무렇지 않게 넘길 수도 없어
하루종일 끙끙거리다
언니 흉본 내 일기장
책상 위에 슬쩍
놓고 나왔다

내 맘대로
자유롭게 막 쓸 수 있는 게
일기다.
누구 보라고 쓰는 게 아니다.
그러니까, '일기 검사' 같은 건
하면 안되는 건데.
언니 일기장엔 동생 흉본 얘기가 있고
동생 일기장엔 언니 흉본 얘기가 있다.
그런데 일기 검사가 있으면
괜히 맘이 쪼그라들어
엄마 흉도 선생님 흉도 적기가
찜찜하다.
욕도 맘대로 못 쓰고 말이다.
그것 때문에
검사용 일기장과
진짜 일기장이 따로인 아이도
분명 있을 거다.

언니 일기장

시 원제 <봤을까>

이창숙 시 · 백창우 곡

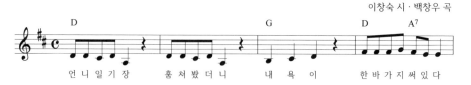

언니 일기장 훔 처 봤 더 니 내 욕 이 한 바 가 지 써 있 다

싸 가지없 고 나 댄 다 나 ―

화 나 지만 아 는 척 할 수 도 없 고 아 무 렇지 않 게 넘 길 수 도 없 어

하 루 종 일 꿍 꿍 거 리 다 언 니 흉 본 내 일 기 장

책 상 위 에 ― 슬 ― 쩍 놓 고 나 왔 다

언니 일기장

얄미운
언니를 향한
소심한 복수

"야, 정윤이는 다정한 언니가 있어서 참 좋겠다."

"좋긴 뭐가 좋아요. 맨날 짜증만 내고, 놀리기만 하는데요."

　교문에서 아침 맞이를 할 때, 형제가 나란히 등교하는 어린이들에게 부러운 듯이 물어보면 놀랍게도 부정적인 반응을 보이는 경우가 많다. 그도 그럴 것이 가정에서 많은 시간을 함께 보내야 하고, 어른들로부터 끊임없는 비교의 대상이 되며, 집 안의 여러 물건도 함께 나눠 써야 할 처지이니, 형제들과의 소소한 갈등은 없으려야 없을 수가 없다.

　백창우 선생님의 〈언니 일기장〉은 자신의 욕을 써 놓은 언니의 일기장을 우연히 보게 된 이후, 이러지도 저러지도 못하는 동생의 복잡한 심정이 재미있게 담겨 있는 노래다. 언니에게 왜 내 욕을 했냐고 따지면, 일기장을 훔쳐본 것이 들통날 테고, 가만히 있자니 분하고 억울해 견딜 수 없으니 그 심정이 오죽했을까? 결국 하루 종일 끙끙대던 이 노래의 주인공은 언니를 흉본 자기 일기장을 언니 책상 위로 슬쩍 놓고 오는 것으로 자신의 분한 마음을 달랜다.

어린이들에게 이 노래를 들려주면 자신도 비슷한 경험이 있다며 앞다투어 열변을 토한다. 노래가 자신의 이야기를 하고 있을 때, 자신의 속마음을 그대로 대변해 준다고 느낄 때, 그 노래가 지니는 힘은 몇 배나 커진다. 형제끼리 마냥 사이좋게 지내라는 말을 되풀이하는 것보다는 상황에 따라 억울했던 감정을 먼저 들어 주고 보듬어주는 것이 격해진 감정을 누그러뜨리고, 마음을 열게 하는 데 보다 효과적이다.

〈언니 일기장〉은 형제들과의 사소한 다툼에 기분이 상한 어린이들에게 '너만 그런 게 아니야. 충분히 억울할 만해!'라고 적극적으로 호응하며 가만히 등을 두드려 주는 노래다. 또한 그냥 분한 것으로 끝나지 않고 언니를 향해 소심하면서도 귀여운 복수를 표현한 노래의 마지막 부분은 듣는 어린이로 하여금 묘한 카타르시스를 느끼게 할 것이다.

어떤 일이 일어났는지 상상하기

노래를 배우기 전, 먼저 노래를 한 번 들려주고 어떤 상황인지를 찾아보게 하는 활동은 노래 부르기 활동에 대한 기대감을 높이고 어린이들의 상상력을 자극한다. 이때는 악보나 가사를 미리 제시하지 말고, 노래를 듣는 활동 자체에 집중하게 한 다음, 아래의 활동지를 작성하거나 어린이들에게 노래 속 일어난 일에 대해 질문을 건네 보도록 하자.

언니가 한 일	일기장에 내 욕을 한 바가지 썼다.
내가 한 일	언니 흉본 내 일기장을 언니 책상 위에 놓았다.
언니에게 따지지 못한 이유는?	언니 일기장을 본 것이 들통나기 때문입니다. 또 언니한테 혼날 것 같아서.

'어떤 일이 일어났을까' 활동지

언니 책상 위에 놓고 올 나의 일기 적기

노래를 다 배우고 난 다음에는 노래 속 동생의 입장이 되어, 언니 책상 위에 놓고 올 일기장에 자신은 어떤 말을 하고 싶은지 적어 보는 활동을 한다. 이때, 욕설을 나열하거나 언니의 잘못만을 지적하는 방식으로 적지 않도록 다음의 활동지에 있는 유의 사항을 충분히 안내한다.

- 나의 감정 솔직하게 전달하기 (욕설을 적지 않기)
- 언니에 대한 바람이 담기도록 적기 (언니와의 보다 나은 관계를 생각하며)

우연히 엄마 심부름으로 언니 책상위의 물건을 찾다가 언니 일기장을 보게 되었다. 거기엔 내가 언니한테 대들고 바보 같다고 되어 있었다. 난 그냥 언니가 좋아서 그랬던 것인데, 언니가 몰래 이런 말을 일기에 적어 놓으니 기분이 좋지 않다. 앞으로는 언니가 그런 일이 있으면 나에게 빨리 말을 해 줬으면 좋겠다.

'언니 책상 위에 놓고 올 나의 일기' 쓰기

셈여림 살려 노래 부르기

자칫 단조로워지기 쉬운 노래에 새로운 분위기를 불어넣어 줄 수 있는 음악적 요소가 바로 '셈여림'이다. 셈여림은 노래에 대한 집중력을 높이거나 점차 감정이 고조되는 느낌을 주려고 할 때, 또는 노래 속에서 특히 강조해서 불러야 하는 부분 등에서 자주 쓰인다.

〈언니의 일기장〉 노래의 맨 끝부분에도 점차 곡의 분위기를 고조시키고, 마치 감정이 폭발하는 듯한 느낌을 주기 위해 셈여림의 변화를 적절히 사용하고 있다.

다음의 활동지를 활용하여 어린이들과 다양한 셈여림 기호와 그 뜻에 대해 먼저 공부해 보자. 그런 다음, 〈언니의 일기장〉 맨 마지막 부분에 표현된 적절한 셈여림을 적어 보고, 비슷한 세기를 지닌 소리도 주위 물건이나 동물, 자연 등에서 찾아본다. 이런 활동은 음악을 보다 섬세하게 표현할 수 있는 힘을 기르게 하고, 자기 주변을 따뜻하게 바라보는 시선을 갖게 하는 데 도움이 된다. 이 노래의 맨 마지막 부분 셈여림을 표현할 때, 어린이들은 단순하게 소리의 세기로만 셈여림을 표현하려는 경향이 있다. 아예 틀렸다고 할 수는 없지만, 음악에서의 셈여림은 소리의 세기뿐만 아니라 감정의 강도도 함께 고려해야 한다. 이 노래의 맨 끝부분을 여러 번 들려주며 언니에 대한 분한 감정이 서서히 고조되는 기분으로 불러야 한다는 말을 덧붙인다면, 어린이들의 셈여림 표현이 훨씬 자연스러워질 것이다.

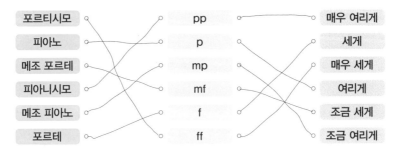

셈여림 기호, 이름, 뜻을 연결시키기

〈언니 일기장〉 셈여림을 주변 소리로 나타내기

누굴 보고 있나요

송선미

"넌 어째 애가 맨날 그러니?"
하며 엄마는 누굴 보고 있나요

"넌 니 생각만 하니?"
하며 아빠는 누굴 보고 있나요

나중에 꼭 나같은 애를 낳아 봐야
엄마 속을 안다거만
난 나같은 애가 어떤 앤지 모르겠어요

난 어딨죠?
엄마 아빤 누굴 보고 있나요

"난 누구죠?
난 어디죠?
나같은 애가 또 어딨겠어요.
엄마같은 사람이 세상에 없는 것처럼
아빠같은 사람이 세상에 없는 것처럼
나도 나뿐이잖아요.
나같은 애도 잘 보면
괜찮은 데가 있을 거예요.
점점 괜찮아질 수도 있구요.
그리고
엄마 속 알기 위해
애 낳을 생각 없어요.
듣고 있어요?"

<누굴 보고 있나요>노래를 만들 때
이러한 글을 덧붙였다.
노래 녹음을 하고 나서는 '괜히 그랬나'
하는 생각이 들기도 했지만
이젠 어쩔 수 없다.
이미 집 나간 노래인걸 뭐.

(121)

누굴 보고 있나요

송선미 시 · 백창우 곡

"넌 어째 애가 맨날 그러니?" 하 며 엄 마 는 누 굴 보고 있 나 요

"넌 니 생각만 하니?" 하 며 아 빠 는 누 굴 보 고 있 나 요

나 중에 꼭 나 같은 애 를 낳 아 봐 야 — 엄 마 속 을 안 다지만 — — — —

난 나 같은 애 가 어 떤 앤 지 — 모 르 겠 어 요 — 난 어 딨 죠

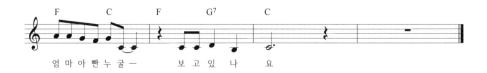

엄 마 아 빠 누 굴 — 보 고 있 나 요

엄마 아빠는 누굴 보고 있을까

노래 〈누굴 보고 있나요〉에는 어린이들이 만나는 어른의 모습이 담겨 있다. 조금 다르게 "너 저번에도 그랬는데 또 그러니?"나 "넌 도대체 왜 그걸 못 고치니?"라며 지적하는 말, "네 입장만 생각하지 말고! 응?", "다른 사람도 생각해야지."라는 말은 자신의 체면이나 상황을 정리하고 싶은 엄마, 아빠의 모습일지도 모른다. 심지어 엄마는 "너 같은 애를 낳아 봐야 내 속을 알지." 라고까지 말한다. 기분 좋을 리 없는 말들이다. 그 말을 한 어른도 그 말을 듣는 어린이도 모두 속상할 말이다. 노래 시작 부분에 엄마, 아빠에게 '누굴 보고 있냐'고 혼자 속으로 말하는 것 같은 어린이의 모습이 왠지 슬프다. 일기라도 쓰면서 스스로 마음을 챙기기를, 더 용기 있게 엄마, 아빠에게 이야기하는 모습을 응원해 본다.

어린이가 어떤 행동을 했을 때, 어린이 입장에서 그 상황을 온전히 만나 주는 것이 필요하지 않을까? 심지어 어린이가 잘못한 것이 많았다 해도 '그럴 수 있어. 너의 존재로도 충분히 소중해. 난 너를 바라보고 있어. 걱정 마' 라는 눈빛과 따뜻한 말을 건네 주자. 어린이의 어제와 오늘을 살펴보며 내일을 위해 더 응원해 주면 좋겠다.

이 노래는 말하듯 부르는 것이 참 중요하다. 소리를 꾸미거나 음색을 특별하게 내는 것보다 차분하게 노래에 담긴 의미를 전달하듯이 불러 보자. 어린이를 만나고 가르치는 어른들이 생각할 숙제를 던져 주는 노래다. 가족의 말을 살펴보며 아픈 마음들이 사라지기를, 리코더로 연주하며 어울림과 조화로 조금은 그 공기가 따뜻해지기를 바란다.

우리 가족의 말 돌아보기

이 노래에는 집에서 엄마, 아빠가 하는 말들이 나온다. 이 가족의 분위기는 어떤지 글로 정리해 보고 어린이들과 이야기 나눠 보자.

엄마가 하는 말	○ 넌 어째 애가 맨날 그러니? ○ 나중에 너 같은 애를 낳아 봐야 내 속을 알지.
아빠가 하는 말	○ 넌 네 생각만 하냐?
내가 하는 말	○ 난 나 같은 애가 어떤 애인지 잘 모르겠어요. ○ 난 어딨죠? ○ 엄마, 아빠는 누굴 보고 있나요?

노래에 담긴 가족의 말 정리하기

부모와 아이가 서로 답답해 한다. 부모는 아이에게 불만이 있다. 공부, 생활 습관, 스마트기기 사용 등 이유가 다양할 것이다. 이 집에 나오는 말을 살펴보면서 우리 가족이 주로 나누는 말들도 떠올려 보자. 집마다 구성원도 다르고 일어나는 일도 다르니 나누는 말도 다를 것이다. 나를 속상하게 하는 말, 서로를 힘들게 하는 말이 있을 것이다. 공부와 관련한, 형제관계와 관련한, 생활 습관이나 약속과 관련한 말도 있을 것이다. 나를 속상하게 한 말, 내가 누구를 속상하게 한 말, 또 엄마와 아빠 사이의 말이나 형제끼리의 말도 좋다. 기억에 남는 가족들의 속상한 말을 글로 써 보도록 한다.

> 점수가 어쩜 이러니?, 그럴 꺼면
> 집나가, 이혼해 이혼 하라고, 깡 나가,
> 여긴 내집이니깐 니 집나다, 잘못
> 뭔지 생각 좀 해, 넌 어쩜 자랄수록
> 점점더 삐뚤어지니?, 깡 엄마아빠
> 둘다 죽을께 너흘 자식아, 한번에
> 욱 핸 너 죽여 버린다ㅅㅅ?, 꺼져

> 못난이.
> 엄마가 죽어야지.
> 아빠가 빨리 늙어 죽어야지.
> 사촌동상이 어려서 그러니 양보 해.
> 엄마가 나가면 좋겠니?
> 엄마 마음을 알아?
> 아빠가 죽고 싶었어.

우리 가족의 속상한 말 쓰기

속상한 말들을 적어 보았다면, 이제 가족끼리 했을 때 힘이 나는 말을 떠올려 보자. 우리 가족이 어떤 말을 하면 좋을지 바라는 말들도 적어 본다. 부드러운 말, 따뜻한 말, 격려하는 말, 위로하는 말, 응원하는 말, 함께 슬퍼하는 말 등 어떤 말도 좋다. 상황을 생각해 보고 어떤 말을 하고 싶거나 듣고 싶은지 적어 보자.

우리 가족이 했으면 하는 말 쓰기

이렇게 쓴 말들을 집에서 가족들과도 나눠 보도록 한다. 어린이의 입장에서 쓴 글이니 다른 가족들은 어떻게 생각할지 모르겠지만, 글을 읽고 나서 "내가 언제 이랬어?" 하는 어른은 없었으면 좋겠다.

리코더로 연주하기

노래의 서정적인 분위기를 살려 리코더로 연주해 보자. 원곡의 '도'보다 낮은 음은 어린이들이 흔히 사용하는 소프라노 리코더로 소리 낼 수 없다. 그래서 원래의 멜로디를 조금 바꾸어 리코더로 연주할 수 있게 편곡했다. '도'부터 '솔'까지의 음이 많이 쓰이고, 특히 '도', '레'가 많이 나온다. 천천히 운지를 연습하면서 텅잉을 부드럽게 하려고 노력해야 한다. 발음을 '투'보다는 '두'나 '도'로 발음하며 텅잉해 보자. 다음 성부의 악보는 2중주로 연주할 수 있는 악보다. 어린이들이 멜로디를 연주하고 어른이 아래 악보를 연주하거나, 두 역할을 바꾸면서 화음과 곡의 분위기를 느껴 보자.

누굴 보고 있나요

송선미 시 · 백창우 곡
한승모 편곡

눈이 퉁퉁 붓도록 나무랑 싸웠다

김륭

하루가 멀다하고 아옹다옹 싸우던
3학년 8반 김진우가 이사가던 날, 엄동수는
학교 운동장 구석 이팝나무 밑에 앉아서
아무도 몰래 울었네

그런 동수를 우두커니 내려다보고 있던
이팝나무가 이제 그만 올라며
눈물부터 닦으라는 듯 잎사귀 몇 장
손수건처럼 던졌네

이제 집에 가야할 시간이라고
밥 먹으러 갈 시간이라고
달커덩, 어두워진 하늘을 보여 주었지만
동수는 막무가내였네

네가 뭘 안다고 진우를 펑펑
염소처럼 묶어 두지도 못한 주제에
무슨 간섭이냐고 엄동수는
도끼눈을 떴네

ㅡ조금 울거면 울지 않을 거야
세상이 떠내려가도록
크게 울 거야

어떤 날엔 눈도 마주치기 싫던
진우가 자꾸 보고 싶었네
눈이 퉁퉁 붓도록, 진우를 부르며
엄동수는 나무랑 싸웠네

긴'이야기시'거만
노래를 붙이면서 '울림'을 바탕으로
노랫말을 새로 짰다.
자꾸 눈물이 나는데, 더 울어야 하는데
누군가 그만 울라고 할 때
부를 수 있도록 말이다.
원서를 꼼꼼히 읽은 뒤 노래를
부르면 좋겠다.
울고 싶을 때 울어야 한다.
그래야 속이 시원해진다.
그래야 그 슬픔을 이길 힘이 생긴다.
그러니
울게 놔둬라.

그만 울라고 하지 마

시 원제 <눈이 퉁퉁 붓도록 나무랑 싸웠다>

김륭 시 · 백창우 곡

그 만 울 라 고 하 지 마 —　　눈 물 닦 으 라 고 하 지 마 —

이 젠 집 에 갈 시 간 이 라 고　　밥 먹 으 러 갈 시 간 이 라 고
이 젠 돌 아 갈 시 간 이 라 고　　잠 — 자 러 갈 시 간 이 라 고

하 지 마

조 금 울 려 면 —　　울 지 않 을 거 야　　세 상 이 떠 내 려 가 도 록 크 게 울 거 야 —

그 만 울 라 고 하 지 마 —　　난 울 거 야 —

130

맘껏 울어야 슬픔을 이길 힘이 생겨

원곡의 반주 음악은 쓸쓸한 느낌을 가득 담고 있다. 클래식기타 한 대로 연주하는 전주가 흘러나오고 더 쓸쓸한 목소리가 노래를 시작한다. 묵직하고 아련한 첼로가 등장하면서 노래는 더 깊어진다. 중간에 멀리서 들리는 바이올린 소리는 잔잔함을 내내 유지해 준다.

전학 간 친구를 생각하며 울고 있는 한 어린이에 대한 노래이다. 이 노래를 들으면 어린 시절의 슬픈 추억도 떠오른다. 노래의 이야기를 어린이들과 나눠 보며 각자의 슬픈 이야기들을 꺼내 보아도 좋겠다. 이 노래를 배워 부르고 여러 가지 활동을 하며 각자가 가진 슬픔을 이겨 내 보자고 하면 어떨까?

악보에 그려진 멜로디의 음이 그리 높지 않은데, 백창우 선생님 음원의 멜로디는 음이 더 높다. 노래를 들으며 악보만 생각하고 쉽게 따라 부르려니 조금 힘을 내야 한다. 울림을 느끼며 힘을 내라고 그리 만드셨나 보다. 노래의 앞부분은 매우 서정적이고 쉬는 구간 이후에 조금 리드미컬해진다. 분위기에 따라 조금 빨리 불러도 괜찮겠다. 셋째 단에 세 마디 쉬는 구간이 있다. 이때 학생들과 위로가 되는 말을 해 보자. 기다리기보다 노래를 빨리 이어 부르고 싶으면 쉼표 없이 바로 노래 불러도 좋다. 노래의 마지막에서는 '그만 울라고 하지 마. 난 울 거야.'라고 말한다. 한참 씩씩해지나 싶더니 노래의 마지막은 다시 울 거리는 이야기로 바진나. 리듬과 가락도 그 느낌을 그대로 유지하면서 음이 '뚝뚝뚝' 떨어진다.

시의 느낌을 잘 살린 노래의 맛을 느끼고, 시 속 동수의 슬픔을 공감하며 노래 부를 수 있도록 안내하자. 자신이 동수라면 어떨까 생각해 봐도 좋고, 동수의 슬픔을 지켜보는 나무가 돼 봐도 좋겠다. 이노래를 통해 어린이들도 슬픔을 이겨 내는 힘이 조금은 더 자랐으면 좋겠다.

헤어진 친구나 선생님에게 편지 쓰기

시와 노래 속 주인공처럼 전학을 가거나 이사 간 친구, 헤어진 선생님을 떠올려 보도록 한다. 아직 헤어짐의 경험이 많지 않은 어린이들이라, 만약 이사 가거나 전학 간 친구가 없다면, 만난 지 오래된 친구나 다른 학교로 전근 가신 선생님을 떠올려 보도록 해도 좋다. 어린이집이나 유치원 시절의 친구를 떠올릴 수도 있겠다.

김룡 시인의 시가 적혀 있는 활동지에 친구나 선생님과의 기억이 담긴 짧은 편지를 적어 보자. 이름 외에 별명이나 특징을 적어도 좋다. 혹시 연락이 닿는 친구나 선생님이라면 이 편지를 사진으로 찍어서 보내 줄 수도 있을 것이다.

《나만의 눈물 극복 사전》 만들기

어린이들과 눈물에 대한 이야기를 나눈다. 나를 슬프게 하는 것들, 그래서 눈물 나게 하는 것들에 대한 이야기를 나눈 후 그 눈물이 언제 그쳤는지 생각해 본다. 슬퍼서 울었던 그 순간에 대해 충분히 이야기 나누도록 한다. 친구와 싸운 기억, 좋아하던 친구에게 오해받아 속상했던 기억, 부모님이 나와 다른 형제를 차별한다 생각해서 울었던 기억, 시험을 못 봐서 혼났던 기억, 달리다 다쳐서 아팠던 기억, 길에서 무서운 개를 만나 울었던 기억 등 어린이들마다 각각의 기억들이 있을 것이다. 정확히 기억나지 않더라도 슬퍼서 울었던 경험과 눈물이 멈추었던 순간을 이어서 기억하면 더 정확하게 기록할 수 있다. 이어서 눈물을 참는 방법에 대해 예시를 들어 주며 각자의 눈물 참는 방법을 정리하여 적어 보도록 한다. 눈물이 저절로 마르는 경우도 있고, 다른 생각으로 눈물을 참을 수도 있다. 노래를 부르거나 책을 읽는 방법도 있겠다. 안 쓰는 부채에 적거나 책 형태로 《나만의 눈물 극복 사전》을 만들고 친구들과 이야기 나눠 보도록 한다.

1) 저는 보통 다 울고나서 스스로 그치는 편이에요.

2) ─ 눈물 그치는 방법   7초   7초
후우~하며 입으로 숨을 내쉬고 코로 길게 늘이수고

3) 잠깐 숨을 참아요 8초   반복하기!
눈물도 그치긴하지만 감정도 조절되요.

1) 눈물이 나오지 않을 때까지 펑펑 운다

2) 기쁜 일을 떠올린다

3) 친구들을 만나 신나게 논다

나만의 눈물 극복 사전

붐웨커로 반주하기

노래의 앞부분은 슬픔이 많이 느껴지므로, 앞부분은 칼림바로 연주하고 후반부의 빨라지는 부분에서는 분위기를 바꾸어 붐웨커로 반주하며 부르기에 참 좋은 곡이다. 앞부분은 칼림바의 계이름과 번호를 참고하여 연주하고 뒷부분은 붐웨커의 여러 성부 계이름을 잘 확

인하자.

붐웨커 설명을 참고하여 손, 바닥을 두드려도 좋고, 말렛으로 붐웨커를 실로폰 치듯 치면서 연주할 수 있다. 학급에서 붐웨커로 반주하며 노래해 보자. 그 전에 우선 붐웨커 연주를 충분히 해 보아야 한다. 처음에는 한 음씩 연주하고 익숙해지면 여러 개의 음을 차례로 연주하거나 동시에 연주하는 방식을 사용하는 것이 좋다.

그만 울라고 하지 마
<칼림바 악보 일부>

김륭 시 · 백창우 곡

그만 울라고 하지 마

<붐웨커 악보 일부>

김륭 시 · 백창우 곡

붐웨커란?

길이와 색이 다른 플라스틱으로 만들어진 관을 두드려 연주하는 악기이다. '멜로디 튜브', '플라스틱 튜브' 등 다양한 이름으로 불리다 가장 대표적인 미국 웨키 뮤직사의 악기 이름 인 '붐웨커'로 통용되고 있다(김문경, 2011).

음을 소리 내는 붐웨커와 몸체를 두드릴 수 있는 말렛, 한쪽 끝에 씌워 한 옥타브 낮은 저 음을 연주할 수 있는 튜브캡으로 이뤄져 있다(진가원, 2020). 붐웨커끼리 부딪혀 소리를 내 거나, 한쪽 끝을 바닥, 신체, 물체에 부딪혀 주로 소리 낸다.

붐웨커   말렛   튜브캡

칼림바란?

칼림바는 나무 몸통에 달려 있는 쇠 음판을 손가락으로 튕겨 소리 내는 체명악기의 일종 이다. 보통 17음계로 구성되어 있어, 조옮김을 해 준다면 초등학교 음악 교과서에 나오는 대부분의 노래를 표현하는 데 큰 무리가 없다.

칼림바의 음계 및 연주법

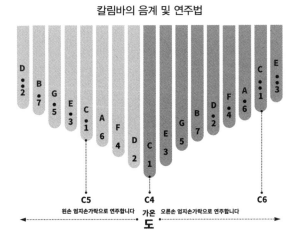

C5   C4   C6

왼손 엄지손가락으로 연주합니다   가온   오른손 엄지손가락으로 연주합니다

도

까불고 싶은 날

정유경

오늘
은지라는 애가
전학을 왔네

키가 작아
은지는
내 앞에 앉았네

은지는
단발머리에
눈이 큰 아이

이상하게
오늘은
까불고 싶네

괜히
까불고 싶은 날이 있다.
그러면 그 애가
나를 한 번 더 보겠지.
어디서든 나를 기억할 거야.
자다가 나를 떠올릴지도 몰라.
근데, 오늘
너무 까불었나?

까불고 싶은 날

정유경 시 · 백창우 곡

오 늘 은 지 라 는 애 가 전 학 을 왔 어

키 가 작 아 은 지 는 내 앞 에 앉 았 지

은 지 는 단 발 머 리 에 눈 이 큰 아 이 —

이 상 하 게 오 늘 은 — 까 불 고 싶 네 —

까 불 고 싶 네 —

까부는 게 꼭 나쁜 건 아니야

"너, 오늘따라 왜 이렇게 까부니? 잠시도 가만있지 못하고, 뭐 기분 좋은 일이라도 있어?"

하루의 대부분을 어린이들과 부대끼며 생활하다 보면, 자신의 넘치는 에너지를 주체하지 못하는 어린이들을 종종 볼 수 있다. 흔히 어른들이 '까분다'고 하는 말은 절제하지 못하고 흥분한 상태의 행동을 나무라는 부정적인 뜻으로 쓰일 때가 많다. 하지만 어린이들 입장에서는 꼭 그렇지만은 않다. 어린이가 까불게 되는 다양한 상황을 찬찬히 떠올려 보면, 이 말의 의미가 쉽게 다가올 것이다. 갖고 싶은 물건을 가지게 되었을 때, 놀이 동산에 놀러 가기 전날, 다른 학급과의 게임에서 이겼을 때 등등 어린이들은 평소와는 다른 설레는 일이나 특별히 기분 좋은 일이 생겼을 때 자신의 감정을 억제하지 못하고 까불게 된다.

백창우 선생님 노래 〈까불고 싶은 날〉에 등장하는 주인공도 마찬가지다. 노래 속 주인공은 모처럼 새로운 친구가 전학을 왔다는 사실에 무척 들떴고, 전학을 온 '은지'의 첫 인상이 매우 마음에 들었던 모양이다. 게다가 그 친구가 바로 내 앞에 앉게 되었으니 '은지'라는 친구에게 나의 존재감을 드러내고 싶은 마음이 마구 샘솟았을 것이다.

이 곡은 같은 반에 진학을 온 친구에 대한 어린이의 마음을 '까분다'라는 말 하나로 우회적으로 표현하고 있는 노래이다. 노래의 어느 부분에도 은지가 마음에 든다든지, 앞으로 친하게 지내고 싶다든지 하는 바람이 직접적으로 드러나 있지 않다. 하지만 노래에 담긴 가사를 자신의 경험에 비추어 가며 찬찬히 읽어 본 어린이라면 은지에 대한 주인공의 마음이 어떤 마음일지 금세 알아차릴 수 있을 것이다.

〈까불고 싶은 날〉은 3/4 박자의 다소 느리고, 여백이 많은 리듬으로 구성되어 있다. 또한 음의 폭이 크지 않은 선율 구조를 지니고 있어, 자신의 심정을 담담하게 고백하는 듯한 노래 속 주인공의 목소리가 선명하게 잘 드러나는 곡이다. 날마다 반복되는 일상 속에 평소와는 다른 특별한 일이나 상황으로 인해 어린이들의 기분이 무척 들떠 있을 때 이 노래를 함께 불러 본다면, 공동체의 기분 좋은 추억을 함께 공유하는 좋은 기회가 될 것이다.

3박자에 어울리는 다양한 신체 동작 만들기

음악 관련 활동에서 중요한 요소 중의 하나인 박자와 리듬감은 단순히 말로만 설명을 듣는 것보다는 자신의 신체나 몸의 감각을 활용하여 익히는 것이 더욱 효과적이다. 백창우 선생님의 〈까불고 싶은 날〉은 2분음표가 많고 리듬의 여백이 많다. 따라서 3박자 리듬에 맞는 적절한 신체 동작을 만들어 노래를 부를 때 활용한다면, 단조로울 수 있는 곡의 분위기를 살리는 데 도움이 된다. 어린이들이 다양한 신체 동작을 만들기에 앞서, 3박자 셈여림(강, 약, 약)의 느낌을 몸으로 충분히 느낄 수 있도록 몇 가지 예를 충분히 실습해 보길 권한다.

예시1 무릎 치기 – 손뼉 치기 – 손뼉 치기
예시2 양발 구르기 – 왼발 구르기 – 오른발 구르기

구분	박의 세기	신체 동작
첫째 박	(강, 중강, 약)	두 손으로 배 치기 (강하게)
둘째 박	(강, 중강, 약)	왼쪽 무릎 치기 (약하게)
셋째 박	(강, 중강, 약)	오른쪽 무릎 치기 (약하게)

3박자에 어울리는 신체 동작 만들기

우리 반 '까불고 싶은 날' 베스트 3

앞서도 말했듯, 어린이들이 까불고 싶다는 것은 그날의 기분이 좋다는 뜻이다. 자신의 들뜬 감정이 과하게 표출되는 바람에 수업에 방해를 주는 일도 있지만, 표출되고 있는 부정적인 행동에 초점을 맞추기보다 그러한 행동을 하게 된 어린이의 감정 자체에 주목하여 공감해 준다면, 의외로 어린이들도 자신의 과한 행동을 자제하려고 노력하는 모습을 보일 때가 많다. 그러한 점에서 〈까불고 싶은 날〉 노래를 배우고 난 뒤, 과연 우리 반 어린이들은 어떤 때에 가장 기분이 좋고 들뜨게 되는지 친구들의 감정을 직접 조사해 보는 활동을 해 보자. 교사와 학생 사이뿐만 아니라 친구들 간 감정의 교류가 보다 활발해지는 데 도움이 될 것이다.

1. '내가 까불고 싶을 때'는 언제인지 한 가지만 적어 볼까요?

선생님께 칭찬 들었을 때

2. 친구들은 어떤 경우 가장 까불고 싶을까요? 교실을 돌아다니며 조사해 봅시다.

까불고 싶을 때	새 핸드폰 샀을 때		상 받았을 때		맛있는 거 먹을 때	
같은 답을 한 친구	이동욱	이아영			이하나	김도윤
	장소영	윤건우				
	이혜원	김건희				
까불고 싶을 때	새 옷 샀을 때		게임 할 때		100점 맞았을 때	
같은 답을 한 친구	박주희	박서현	신도훈	손주원	육정민	
	박주영		윤민성	최한효		

3. 위에서 내가 조사한 내용을 바탕으로 '우리 반 까불고 싶은 날 베스트 3'을 정해 봅시다.

순위	우리 반 '까불고 싶은 날'
1위	새 핸드폰 샀을 때
2위	게임 할 때
3위	새 옷 샀을 때

우리 반 '까불고 싶은 날' 베스트 3

시계

김창완

시계는 참 답답하다
두 시 십오 분
다섯 시 반
열 시
네 시 반
열한 시 펼 분
여섯 시 오분
정말 쓸데없이
시간만 가리킨다

창밖엔 봄인데……

146

봄이 왔는데,
창밖은 봄인데
시계는 바깥을 볼 생각도 안하고
쉬지않고 시간만 가리킨다.
답답한 놈.

마음껏 게으를 수 있다면 얼마나 좋을까.
느리게, 더 느리게 살 수 있다면 참 좋을 텐데.
세상의 시간 밖으로 나와
내 맘대로, 내 몸이 하자는대로 그렇게
살 수 있다면 얼마나 좋을까.
세상은 시계로 가득하고 어디에나 '시간도둑'이
득시글거린다. 아, 정말,
새로운 시간 속에 살고 싶다. 그런데
잘 안된다.
아무래도 숲으로 가야겠다.
'시계가 없는 숲'으로.

'산울림동요집'도 다 다시 찾아
듣고 싶고, 《모모》도
다시 한 번 읽고 싶다.

147

시계는 참 답답하다

시 원제 <시계>

김창완 시 · 백창우 곡

째 깍 째 깍 째 깍 째 깍 째 깍 째 깍 째 깍 째 깍 째 깍 째 깍 째 깍 째 깍 째 깍 째 깍 —

시 계 는 참— 답 답 하 다 두 시 십 오 분 다 섯 시 반

열 시 네 시 반 — 열 한 시 팔 분 여 섯 시 오 분 정 말

쓸 데 없 이 시 간 만 가 리 킨 다 — 창 밖 엔 — — — 봄 인 데

시계가 없는
숲으로 가자

어린 시절 바늘 시계를 볼 수 있게 된다는 것은 마치 한글을 깨우치는 것처럼 조금 특별한 사람이 된다는 뜻이다. 시계 바늘을 보고 시간을 말하면 어른들에게 칭찬도 받을 수 있다.

어른들은 늘 "바쁘다 바빠.", "시간이 부족해."라고 말하며 일한다. 어린이들 눈에 어른들은 잘 놀 줄 모르는 '바보'처럼 보일지도 모른다.

노랫말처럼 시간이 흘러갈 때 창밖에는 어느새 봄이 오고 아침이 오고 나비가 날아온다. 사람들은 시계를 보며 일만 하느라 자연의 손님이 오는 걸 보지 못할 때가 많다.

노래 시작 첫 줄은 바늘이 째깍째깍 움직이는 듯한 느낌이다. 노래 부를 때 왠지 어설픈 로봇처럼 시곗바늘 소리를 흉내 내며 불러야 할 것 같다. 그런데 심지어 화음도 있다. 선생님과 학급의 어린이들이 함께 화음에 도전해 보는 건 어떨까?

백창우 선생님 노래는 기존 노래가 갖는 두 마디, 네 마디의 주제 가락 반복을 사용하지 않을 때가 많다. 이 노래에서도 비슷한 두 마디 가락 네 가지가 반복 없이 죽 이어 나온다. 여덟 마디를 연결해 여러 번 부르면 더 쉽고 재미있게 익힐 수 있다. 후반부의 '창밖엔 봄인데'가 이 노래의 하이라이트이다. 담백하게 '봄인데' 하고 끝낼 수도 있고, '봄인데'를 여러 번 부르는 것도 좋겠다.

이 기회에 어린이들과 함께 밖에 나가서 계절을 느껴 보는 건 어떨까? 시계는 못하지만 우리는 할 수 있다. 계절이 잘 드러나는 장면을 사진으로 남겨 보자. 밖에서 보고 온 것, 사진으로 찍어 온 것들을 가지고 시를 써 봐도 좋겠다.

시계가 째깍하는 모습을 2부 합창으로도 불러 본다. 백창우 선생님이 만들어 놓은 화음을 새롭게 바꿔 불러도 재미있을 것이다.

계절과 자연 만나러 나가기

고개를 들어 밖을 바라보며 계절을 느껴 보자. 어린이들과 함께 밖으로 나가면 더 좋겠다. 국어, 사회, 체육, 과학, 미술, 실과, 음악 어떤 시간도 좋다. 밖으로 나가는 것만으로도 충분히 계절을 느낄 수 있지 않을까? 카메라, 휴대폰을 들고 편한 복장으로 밖으로 나가서 걸어 보자. 삼삼오오 걸으면서 주변을 둘러보자. 어떤 꽃이 피고 어떤 벌레가 보이는지 살펴보고, 살랑거리는 나비랑 텃밭에서 꿈틀하는 구더기의 모습도 살펴보자. 개미들이 줄지어 열심히 일하는 모습을 구경하는 것도 큰 재미다.

어린이들이 바람의 살랑함을 느끼고 자신의 주위를 감싸고 있는 따뜻하거나 서늘한 기운도 느껴 보면 좋겠다. 이른 봄의 흙내, 따뜻해지면서 낮에 확 올라오는 똥내, 꽃밭 주위를 지날 때 나는 꽃향기, 풀들이 울창해지면 풍기는 풀내, 여름의 더운 땅과 하늘의 기운이 느껴지는 축축한 바람 냄새까지, 계절의 향기를 느껴 보도록 하자. 사실 어느 것 하나 향기를 내지 않는 것이 없다. 특히 비가 오는 날도 꼭 느껴 보자. 봄비, 여름비, 가을비, 겨울비가 다 다르다. 싸늘한 겨울비는 자칫하면 감기에 걸리니 옷은 더 잘 챙겨 입도록 하자. 이렇게 자연에서 느낀 것들을 가지고 글로 써 보자.

계절을 느끼고 자연을 만날 때에는 사진으로 남겨 본다. 요즈음 어린이들은 사진을 일찍 만나고 사진에 익숙하다. 손바닥만 한 휴대폰에 모두 카메라가 달려 있어서, 가족들이 찍어 주는 사진의 주인

지난 4월에 벚꽃이 있는 자전거길에 산책을 했다. 예쁜 꽃도 봤고, 나비도 보고 등 많이 봐봤다. 빛을 날라 내리고 강아지도 보고 산책을 했다. 벚꽃 꽃을 보러 원~~ 날아 있었다. 벚꽃 냄새보고, 흙냄새도 맡다. 바둑도 만졌다. 벚꽃도 만지했는데 잎이 부드러웠다. 강아지도 만졌는데 털이 푹신했다. 벚꽃이 떨어지는데 털목이 많았다. 봄에 벚꽃을 봐서 기분이 좋았다. 다음에는 가을에 산책을 했으면 좋겠다.	11월 어느날 학교에서 선생님이랑 재원이랑 정원으로 사진을 찍으러 나갔다. 그때는 구름없고 화창한 날씨가 맑았다. 그리고 아래에도 낙엽이 많았는데 낙엽 밟는소리가 났다. 낙엽 쌓여 오랫이 떨어져 있을때 행행 냄새가 났다. 낙엽을 만져봤는데 바스락 소리가 났다. 낙엽을 말려서 거칠거칠 했다. 나무도 거칠거칠 했다. 사진을 찍을 때 너무너무 행복했다. 겨울에는 눈사람 만들어 사진을 찍어도 좋을것 같다.

자연에서 보고 온 느낌 적어 보기

공이 되기도 하고, 각자의 손과 앵글로 세상을 담기도 한다.

사진을 찍으려면 잘 관찰하고 자신의 '눈'에 세상을 담아 봐야 한다. 카메라를 통해 내 눈에 담은 세상은 나와 다른 사람에게 남는 '장면'과 '기억'이 된다. 그냥 단순히 '예뻐서' 찍는 사진이 아니라 자신만의 이유가 있는 사진을 찍어 보도록 하면 좋겠다. "노란 꽃이 예뻐요.", "나비의 날개가 신기하고 아름다워요.", "개미들이 줄지어 가는 모습이 보기 좋아요.", "민들레의 꽃잎이 멋져요."라고 말하는 어린이들의 모습을 떠올리는 것만으로도 미소가 지어진다. 사진을 찍을 때는 혼자 할 수도 있고 여럿이 같이 할 수도 있다. 혼자 사진 찍는 게 어색하거나 어려운 어린이들에게는 친구와 함께 찍어 보는 경험이 도움이 될 것이다. 자신이 사진의 주인공이 되기도 하고 친구랑 함께 사진을 찍어 보기도 한다.

어린이들과 함께 사진을 찍고 찍은 사진을 보며 감상을 나눈다. 어떤 사진이든 누가 찍었든 정답은 없다. 이유가 있을 뿐이다. 사진으로 느끼고 이야기를 나누는 것만으로 우리는 계절을 만날 수 있다.

계절에 대한 이야기를 나누고 나서 어린이들이 각자 좋아하는 계절을 소개하는 활동을 해 보자. 어린이들에게는 제철 과일이 조금 덜 와닿겠지만 그래도 수박은 여름에 먹어야 제맛이다. 코스모스가 좋아서 가을이 좋을 수도 있고, 개나리가 예뻐서 봄이 좋을 수도 있다. 하얀 눈이 좋아서 겨울을 좋아하는 친구와는 꼭 눈 사진도 찍어 본다. 내가 좋아하는 계절을 좋아하는 이유와 함께 쓰고 소개하자.

화음으로 노래 부르기

어린이들과 함께 화음에 도전해 보자. 백창우 선생님이 만든 악보 그대로 먼저 불러 보자. 노래 첫 마디의 위 가락은 '도도도도레레도도 도도도도레레도도 솔솔미미레도(쉼) 미미레미(쉼)'의 계이름으로 부른다. 박자는 8분음표 위주로 되어 있어서 천천히 박을 세면서 노래하면 어렵지 않게 부를 수 있다. 아래 가락은 낮은 음으로 '솔솔라라시시라솔 솔솔라라시시라솔 미미도도라솔(쉼) 도도시도(쉼)'의 계이름으로 노래한다. 세 번째 마디의 '미미도도라솔(쉼)'이 조금 어렵다. '미-도-라'의 계이름을 길게 천천히 여러 번 불러 보고 '미-도-라솔'로 이어 부른 다음 마지막에 '미미도도라솔'로 합쳐 부르면 더 쉽게 연습할 수 있다.

노래를 연습할 때에는 악기를 사용하면 도움이 된다. 실로폰, 피아노, 리코더로 음높이에 맞게 잘 연주하면서 음에 익숙해지도록 하면 좋다.

어린이들이 위의 가락과 아래 가락을 나누어 맡아 노래해 보도록 하자. 처음에는 교사와 어린이들이 서로 역할을 나누고 바꾸어 부르는 것이 좋다. 누가 잘하고 못하는지를 가려 보려는 것이 아니라 모두가 잘 부르기 위해 해 보는 활동이다. 가능한 천천히 서로의 소리를 들어 가며 우리 모두가 함께 곡을 완성한다는 마음으로 노래 부르도록 해 보자.

큰길로 가겠다

온정초 3학년 김형삼

집에 오려고 하니
아이들이 있었다
아이들이 나보고
나머지라 할까 봐
좁은 길로 갔다
왜 요런 좁은 길로
가야 하나
언제까지 이렇게
가야 하노
난 이제부터
큰길로 가겠다

요즘엔 없겠지.
'나머지 공부'를 시키는 교실이.
그런 선생님이 있다면
하루라도 빨리 그만두는 게
아이와 교육을 위한 것일 것이다.
아이들은 내일이 아니라
오늘 행복해야 한다.

큰길로 가겠다

김형삼 어린이 시 · 백창우 곡

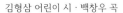

집 에 가 려 는 데 저 앞 에 아 이 들 이 있 다

아 이 들 이 날 — 보 면 나 머 지 라 할 — 까 봐

아 무 도 없 는 좁 은 길 로 간 — 다

왜 요런 좁은 길로 가 야 하 나 — 언 제 까 지 이 렇 게 가 야 하 나 —

난 이 제 부 터 누 가 뭐 래 도 큰 길 로 가 겠 다

누가 뭐래도
내가
가고 싶은 길로

큰길로 가겠다

"선생님, 나머지가 뭐예요?", "나머지? 어디에 그런 말이 나오지?"
"선생님이 나눠 준 악보를 보니 그 말이 있던데요?"

　몇 년 전, 학생들에게 한 해 동안 배울 노래의 악보를 제본하여 미리 나눠 주었더니, 거기에 실린 노래를 꼼꼼하게 살펴보던 한 어린이가 나에게 물었다. 백창우 선생님 노래 〈큰길로 가겠다〉를 배울 때면 '나머지'가 도대체 무슨 말이길래, 노래 속 주인공이 이토록 부끄러워하면서 좁은 길로 돌아가는지 묻는 어린이들이 있다. '나머지'는 수업 시간에 다 하지 못한 공부를 방과후에 남아서 하는 친구를 뜻하거나 남아서 해야 하는 공부를 말한다. 요즘은 방과후수업이나 학원 시간 때문에 대부분의 어린이들이 수업 마치는 종이 치기 무섭게 교실 문을 빠져나가기 바쁘지만, 불과 20년 전만 해도 나

157

머지공부를 하는 어린이들이 한 반에 꼭 몇 명씩은 있었다. 백창우 선생님의 〈큰길로 가겠다〉는 수업 시간에 다 하지 못한 공부를 하고 집으로 가는 길에 친구들을 만나게 될까 봐 좁은 길로 돌아가야만 했던 한 어린이의 심정이 솔직하게 담겨 있는 곡이다. 그런데 노래 속 어린이가 대견한 점은 자신의 처지를 부끄러워하거나 못마땅하게만 여기는 것이 아니라, 자신이 처한 삶의 문제에 당당하게 맞서고 있다는 점이다. '난 이제부터 누가 뭐래도 큰길로 가겠다.'라는 가사에서 알 수 있듯이, 이 곡엔 다른 누구의 시선노 의식하지 않고, 자신만의 길을 가겠다는 한 어린이의 비장한(?) 각오가 그대로 드러나 있다. 어린이들이 자신이 처한 상황으로 어려움을 느끼거나 고민을 토로할 때, 한 친구의 솔직한 성장 과정이 잘 드러나 있는 이 노래를 함께 나눠 보기를 권한다. 왜냐하면 자신의 처지와 꼭 닮은 노래를 만나는 것은 생각보다 큰 위로와 공감이 되기 때문이다. 아울러 백창우 선생님 말씀처럼, 어른들도 이 노래를 들으며 지나치게 공부만을 강요하기보다는 어린이들의 놀 권리에 대해서도 함께 생각해 보았으면 한다.

나의 문제를 해결하는 글쓰기

〈큰길로 가겠다〉는 한 어린이가 자신이 처한 문제 상황을 정확하게 인식하고, 그 문제를 해결하기 위한 고민과 다짐이 잘 녹아 있는 노래다. 그래서 노래 속 사건이 전개되는 방식이나 가사의 구조를 그대로 활용하여 어린이들에게 자신의 상황에 적용해 글을 써 보게 하자. 자신을 있는 그대로 솔직하게 표현하고, 어떤 문제에 대한 해결 방안을 모색하는 데 많은 도움이 될 것이다.

구분	큰길로 가겠다 노래 상황	내가 처한 문제
문제	친구들이 나머지라 놀린다.	키가 작다고 놀림받는다.
지금까지의 나의 선택	아무도 없는 좁은 길로 간다.	그냥 웃고 넘기거나 아무 말도 하지 않는다.
나의 고민	계속 좁은 길로 돌아가니 힘들다.	친구들의 말에 스트레스 받는다.
해결하기 위한 다짐	남의 시선을 의식하지 않고 큰길로 가겠다.	우유를 많이 먹고 커야겠다.

나의 문제를 해결하는 글쓰기

컵타로 연주하기

이 노래는 템포가 너무 느리지도 빠르지도 않아 컵타를 처음 경험하는 어린이들이 기본 동작을 익혀 연주하기에 좋은 곡이다. 다음의 연주 방법과 연주 유형을 충분히 익힌 다음, 음악 파일을 틀어 놓고 〈큰길로 가겠다〉를 컵타로 연주해 보자. 작은 컵의 두드림이 만들어 내는 묵직하고 웅장한 소리를 들으며 리듬 합주의 매력에 흠뻑 빠져들게 될 것이다.

다음의 컵타 리듬은 초보자도 쉽게 따라 할 수 있도록 비교적 쉬운 유형을 선택하여 정리한 것이니, 어린이들이 어느 정도 컵타 연주에 자신감을 보인다면, 유튜브를 검색하여 다소 난이도가 높은 연주에도 도전해 보기를 권한다.

툭 컵으로 책상을 친다.
짠 컵의 밑둥을 서로 부딪쳐서 소리를 낸다.
들 두 손으로 컵의 윗부분을 잡고 동시에 위로 든다.
옆 두 컵을 동시에 옆으로 이동시키며 책상을 친다.
왼오왼 손바닥으로 컵의 윗부분을 번갈아 가며 친다.

리듬 1	첫째 단, 둘째 단	툭	툭	짠	짠	툭	짠	툭	−
리듬 2	셋째 단, 넷째 단	툭	툭	짠	짠	툭	옆	툭	−
리듬 3	다섯째 단	짠	짠	왼오	왼	짠	들	툭	−

〈큰길로 가겠다〉 연주 방법 및 순서

우리 집으로 가는 다양한 방법 소개하기

어린이들에게 우리 동네의 모습이 담긴 지도를 나눠 주고, 우리 집으로 가는 다양한 방법을 소개해 보는 활동이다. 평소 자신이 자주 가는 길과 조금 멀다는 이유로 잘 가지 않았던 여러 가지 길을 지도에 다양한 색으로 표시해 보도록 한다. 아울러, 집으로 가는 길에 만나게 되는 자신이 좋아하는 장소를 포스트잇이나 작은 쪽지를 활용하여 소개해 보도록 해도 좋겠다.

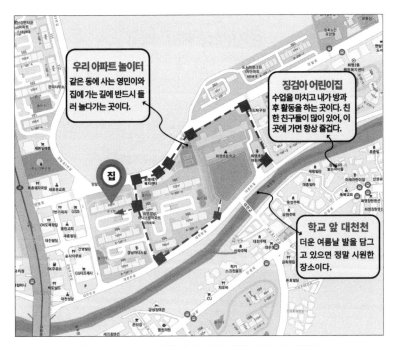

우리 집으로 가는 방법과 내가 좋아하는 장소 소개하기

삐딱삐딱

김은영

앉아있는 자세도 삐딱
엎드려 쓰는 글씨도 삐딱
나를 노려보는 샘 눈빛도 삐딱
나를 나무라는 샘 말씀도 삐딱

쉬는 시간 언제 오나
벽에 걸린 시계도 삐딱
삐딱삐딱 5교시
삐딱삐딱 5학년

162

시 <삐딱삐딱>이
실려있는 동시집
《삐딱삐딱 두교사 삐뚤빼뚤 내 글씨》
머리말에서 김은영 시인은
이렇게 썼다.

"나는 재미없는 사람입니다.
말도 맛깔나게 못 하고 여러 사람 앞에 서면
주눅이 드는 물렁물렁한 사람입니다.
(……) 내가 쓴 시가 나와는 달리
익살스럽고 당당하면 좋겠습니다.
통쾌하면 좋겠습니다."

잔 반면 이 세상에
삐딱한 게 참 많다.
그래서 세상이 좀더
재미있는 건 아닐까.
가수 강산에가 부른 <삐따기>란
노래가 생각난다.

삐딱삐딱 5학년

시 원제 <삐딱삐딱>

김은영 시 · 백창우 곡

앉 아 있 는 자 세 도 삐 딱 엎 드 려 쓰 는 글 씨 도 삐 딱

나 를 노 려 보 는 샘 눈 빛 도 삐 딱 나 를 나 무 래 는 샘 말 씀 도 — 삐 딱

쉬 는 시 간 언 제 오 나 벽 에 걸 린 시 계 도 삐 딱

삐 딱 삐 딱 5 교 시 삐 딱 삐 딱 5 학 년

164

삐딱함은
또 다른
특별함

요즈음 밥 먹고 나면 왜 그리 졸린지 모르겠다. 이럴 때 누가 뭐 하라고 하면 진짜 아무것도 하기 싫다. 평소에 늘 즐겁게 하던 일마저도 이렇게 못 참도록 졸릴 때는 돈 주고 하라고 해도 못하겠다. 학교에서 점심시간 후 5교시는 그런 시간이다. 넘치는 힘을 주체 못하는 어린이들도 쓱 몸을 뒤로 젖히거나 앞으로 숙이게 된다. 눈꺼풀도 목소리도 무거워진다. 〈삐딱삐딱 5학년〉은 그런 노래이다. 5학년 어린이들의 5교시가 잘 담겨 있다. 김은영 시인은 이런 어린이들의 모습을 참 잘 담아냈다. 몸이 삐뚤거리고 글씨도 삐뚤빼뚤해지는 어린이들에게 선생님이 곱게 말할 리가 없다.

　백창우 선생님 곡도 재미있다. '삐딱'이라는 말은 꼭 위에서 아래로 내려오는 것 같은 움직임이 느껴진다. 고개를 한쪽으로 '툭' 젖히며 불러도 될 것 같다. 노래 앞부분 두 줄에 나오는 네 번의 '삐딱'을 따라하는 것만으로도 재미있다. '벽에 걸린 시계도 삐딱'에서는 음이 위에서 아래로 내려오면서 시계가 더 삐뚤어질 것 같은 느낌이 든다.

'삐딱'을 잘 살려 재미있게 노래 불러 보자. 선생님이 노래를 부르다가 어린이들이 다 같이 '삐딱'을 외쳐도 좋겠다. 거꾸로 다 같이 노래 부르다가 한 명이 '삐딱'을 불러도 재미있겠다. 노래를 그대로 두지 않고 삐딱하게 바꿔 부르는 거디.

노래를 배우고 나서 우리 어린이들의 생각도 만나 본다. 삐딱한 마음을 시원하게 풀 수 있도록 붐웨커도 두드려 보자.

5교시 뇌 구조 그리기

점심 먹고 졸릴 것 같은 5교시. 심지어 수학 시간이라면? 아이들 머릿속에 여러 가지 생각이 왔다 갔다 할 것이다. 어린이들은 5교시가 되면 집에 갈 시간이 가까워져서 좋아한다. 끝나고 놀이터에서 친구들과 놀 생각, 집에 가는 골목에 고양이를 만날 생각도 하나 보다. 피아노를 치는 것도 좋고, 축구를 하는 것도 벌써 기대한다. 영어 학원과 수학 학원이 좋은 친구도 있고 싫은 친구도 있을 것이다.

뇌 구조 그리기는 크기가 다른 칸에 각각 무엇을 쓰는지도 중요하다. 지금 자신의 머릿속에서 가장 큰 부분을 차지하는 생각은 무엇인지, 가장 작은 부분에 들어 있는 생각은 무엇인지 써 보고 친구들

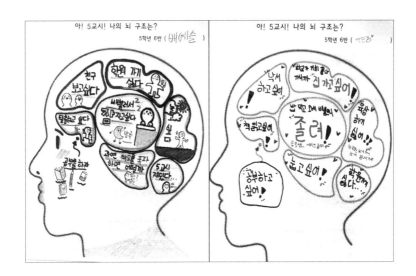

과 이야기 나눠 보자. 모둠 친구들과 돌아가며 함께 봐도 좋고, 여러
친구 앞에 이야기를 꺼내어 전체가 함께 살펴봐도 좋겠다.

'삐딱삐딱 5학년' UCC 만들기

요즘 어린이들은 영상을 좋아한다. 영상이 가득한 세상이라 어린이
들은 영상을 많이 만날 수밖에 없고 그런 환경에 익숙하다. 이런 세
상이 좋은 세상인지 아닌지는 더 잘 살펴야겠지만 이왕이면 어린
이들이 영상을 건강하게 활용하면 좋겠다. 'UCC 만들기'는 영상을
사용하는 법을 그래도 예쁘게 잘 배울 수 있는 방법 중 하나이다.
친구들과 함께 어떤 영상을 만들지 정하고 방법도 고민해 보도록 한
다. 사진을 찍거나 그림을 그리거나 직접 영상을 찍는 방법도 있다.

https://youtu.be/oZ3iVBHeSdg

촬영, 편집, 자막 등 역할을 나누어 함께 만들며 얻는 배움이 크다. 다 만든 영상은 친구들과 함께 살펴본다. 왜 이렇게 만들었는지 만든 뜻을 친구들에게도 설명하고 궁금한 것을 묻고 답하도록 한다.

붐웨커로 화음 반주하기

붐웨커로 반주하는 방법 중에 약속된 코드에 맞춰 화음을 반주하는 방법이 있다. 어린이들과 노래의 앞 두 단에 나오는 C, F, G 세 개의 화음을 먼저 연습한다. 그룹을 나눠 C, F, G를 연주하는 팀으로 역할을 정할 수도 있고 자신이 맡는 음을 '도~도'로 정하여 자기 음이 나올 때 두드려도 된다. 이렇게 하면 반주하며 노래해도 충분히 좋은 화음이 나고 즐겁게 노래 부를 수 있다.

'앉아 있는' 가사의 리듬과 같은 리듬으로 두드리면서 노래하자.

색깔	코드	계명
까만색	C	도미솔
노란색	G	레솔시
갈색	G7	레파솔시
회색	F	도파라

하고 나면 학생들이 자신의 음을 두드리면서 직접 노래를 불러 보게 해도 좋다. 박자가 조금 어긋나도 웃으면서 천천히 여러 번 함께 불러 보자. 손으로는 반주, 입으로는 노래 부르는 활동만으로도 더 즐거운 음악 활동이 될 것이다.

잠시 안녕
안건영

엄마, 나 먼저 갈게
가서, 엄마 좋아하는
된장찌개 끓이고 있을게
이 세상 100년이
저 세상 하루라니까
보글보글 찌개 끓이고 있으면
엄마는 끝 도착하겠지?
엄마 도착하면 우리
역할 놀이 끝나니까
다음 꿈을 꾸고 있어도
좋을 것 같아
엄마의 엄마나 아빠가 되는 꿈

아, 이제 진짜 가야겠네
푸른 돌고래들이 지느러미를
터느라 폭풍처럼 요동을 치고 있어
저마다 한 사람씩 태우고
푸른 하늘로 솟구쳐 오를 거야
검푸른 밤도 끌고 가겠지
우리는 돌고래의 눈에서
별처럼 빛날 거고
잠시 그렇게 별이 되었다가
남쪽 하늘 따뜻한 우리 집으로
먼저, 가 있을게
엄마, 안녕
잠시 안녕

170

해마다
꽃들이 다투어 피어나는
4월이 오면,
우린 더 슬플 거다.
잠시 잊고 살다가도 깜짝 놀라며
다시 가슴이 먹먹해질 거다.
바다를 보고 울고
별을 보고 울고
고래를 보고 울고
꽃을 보고 울 거다.

잠시 안녕

안진영 시 · 백창우 곡

엄마, 나 먼 저 갈 게

가 서 엄마좋 아 하 는 — 된장찌 개 끓이고있 을 게

"이 세상 백 년이 저 세상 하루라니까, 보글보글 찌개 끓이고 있으면 엄마도 곧 도착하겠지?"
"엄마 도착하면 우리 역할놀이 끝나니까. 다음 꿈을 꾸고 있어도 좋을 것 같아. 엄마의 엄마나 아빠가 되는 꿈!"

아,

이 젠 진 짜 가 야 겠 네 푸른돌고래들 이 지느러 미를터느 라

폭풍처럼요동 을 치고있 어 — 저 마 다 한사람씩태우 고

푸른하늘로 솟 구 쳐 오 를 거 야   검 푸른밤 도 — — 끌 고 가겠 지 우 런

돌고래의눈에 서 별처럼 빛 을 낼 거 고   잠 시 그 렇게   별이되었다 가

남 쪽 하 늘 따뜻한 우리집으 로   먼 저 가 있 을 게   —

엄   마,   안   녕   잠 시   안   녕

위로와 나눔으로 만남이 필요할 때

시를 읽는데 노래가 들린다. 노래를 듣는데 시가 떠오른다. 시와 노래가 참으로 잘 어울린다. 안진영 시인의 마음과 백창우 선생님의 마음이 같을 것이다. 안타깝고, 미안하고, 속상하고, 화나는 마음이 글과 곡에 모두 담겨 있다. 먼저 하늘나라로 떠난 아이의 마음이 시인을 통해 글로 남은 듯하다. 시와 곡을 쓰면서 얼마나 눈물을 흘리고 마음을 다잡았을까.

조금 긴 시의 대부분이 노래 가사에 잘 담겨 있다. 시에 담긴 마음의 울림들을 다 다르게 전하려고 하니 노래에 반복되는 가락이 많지가 않다. 노래를 여러 번 들으며 흥얼대면서 귀에 익숙해지도록 하는 게 좋겠다. 그러다 곡을 배울 때에는 한 부분씩 정성 들여 꼼꼼히 익혀 보자. 곡이 길고 여러 형태의 가락이 나온다고 대충 배웠다가

가락을 틀리게 부르면 고치는 게 더 힘들지도 모른다.

이 노래를 부르다 보면 가족이 생각난다. 엄마와 아빠의 얼굴이 떠오르고 우리 반 어린이들의 얼굴이 떠오른다. 어린이들과 함께 노래 부르고 가족에게 편지도 써 보자. 지금의 마음으로 편지를 쓸 수도 있고, 노래를 부른 주인공의 마음이 되어 하늘나라에서 편지를 써도 좋겠다. 어쩌면 너무 어린 친구들에게는 상상하거나 감당하기 어려운 마음일지도 모른다. 그래도 5, 6학년 친구들은 한 번 상상해 볼 수 있는 느낌이고 감정일 것이다. 노래와 함께 마음을 꺼내고 나누는 것은 좋은 공부가 된다. 노래의 몇몇 부분은 돌림노래로 불러 보자. 노래의 빠르기를 지키며 자신의 순서가 되었을 때 잘 맞춰 노래를 불러 본다. 친구들과 내가 만드는 소리의 어울림을 느낄 수 있을 것이다. 돌고래가 지느러미를 터는 모습, 한 사람씩 태우고 하늘로 오르는 모습을 노래에서도 느낄 수 있을 것이다.

4월에 꼭 부르면 좋을 노래지만 그래서 더 부르기 힘든 노래다. 노래가 전하는 마음에 너무 깊게 빠져서 슬퍼하지 말자. 노래가 주는 공감과 위로를 잘 받고 감사와 나눔을 전하려고 노력하자.

노래의 장면을 그림으로 만나기

어떤 그림을 떠올리게 만드는 노래 속 특별한 장면들이 있다. 특히 세월호 사건 이후로 많은 사람들이 기억하게 된 고래 그림이다. 하늘을 나는 고래 등에 사람들이 타고 있다. 제주도교육청에서는 340마리의 고래를 천연 염색으로 만들어 로비에 전시를 했다. 물론 학생들의 활동으로 만들어진 의미 있는 작품이다. 세월호와 관련된 그림들이 참 많은데, 어린이들과 함께 그림을 보면서 이야기를 나눠 보자.

노래에 나오는 장면을 그림으로 그려 보도록 하자. 노래 가사에 상상해 볼 만한 장면들이 많이 나온다. 엄마가 좋아하는 된장찌개를 내가 끓이고 있는 장면, 엄마와 함께 된장찌개 먹는 장면, 돌고래들이 지느러미를 터는 장면, 요동치며 움직이는 장면, 한 사람씩 태우고 돌고래가 하늘로 오르는 장면, 돌고래들의 예쁜 눈동자가 살아 있는 그림처럼 노랫말을 살리는 그림을 그려 볼 수 있다.

*출처: 416연대 누리집

부분 돌림노래 부르기

노래의 일부분을 어린이들과 돌림노래로 불러 보자. 이 노래에 돌고래가 헤엄을 치고, 사람들이 하나씩 타고 움직이는 모습을 돌림

노래로 표현해 보는 것이다. 먼저 시작하는 사람과 뒤에 부르는 사람의 모습이 마치 돌고래 위에 타고 있는 사람의 모습처럼 느껴질 것이다. 맨 아랫단 첫째 마디까지 돌림노래로 부르다가 다시 만나 부른다.

돌림노래를 부르다 보면 언젠가 불러 본 〈안녕〉, 〈시계〉, 〈동네 한 바퀴〉와 같은 짧은 노래와는 다른 느낌일 것이다. 또한 화음이 잘 느껴지는 부분과 가끔 들려서 화음이 덜 느껴지는 부분의 편안함과 긴장이 특별한 매력을 만든다.

잠시 안녕

<돌림노래>

안진영 시 · 백창우 곡

평화로운 세상

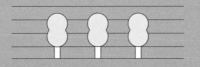

3

작은 꽃

김철순

학교 가는 길옆에
작은 꽃이 피어 있었다

작은 꽃은 부끄러운지
자꾸만 풀숲에
몸을 숨기려 했다

괜찮아
작아도 너는 꽃이야
내가 말해주었다

괜찮아.
작다고, 별볼일 없다고,
혼자뿐이라고
너무 우울해하지 마.
세상엔 그런 게 꽤 많아.
넌 그래도 꽃이잖아.
곧 누군가 널 보게 될 거야. 그리고
누군가 널 사랑하게 될 거야.

괜찮아

시 원제 <작은 꽃>

김철순 시 · 백창우 곡

학교 가는 길 옆 에   작은 꽃이 피어 있 — 었어 —

작은 꽃은 부 끄러 — 운 지 —   자꾸만 풀숲에 몸을   숨 기 려 했어

괜 찮아 — 괜 찮아 —   작아도 너는 꽃이야 — 괜 찮아

— 괜 찮아 — — — —   작아도 너는 꽃이야 —

작은 꽃

작아도
너는
꽃이야

〈풀꽃〉〈모두 다 꽃이야〉〈예쁘지 않은 꽃은 없다〉

언제부터인가 모든 존재의 소중함을 말하는 시와 노래가 많아졌다. 백창우 선생님 곡 〈예쁘지 않은 꽃은 없다〉는 교과서에도 들어가고 많은 선생님과 학생들이 부르고 있는 노래다. 이런 노래가 더 많아지면 좋겠다. 여전히 세상은 차별과 혐오가 많다. 정작 소중한 것이 무엇인지를 자꾸 이야기하고 노래했으면 좋겠다.

김철순 시인의 시 〈작은 꽃〉에는 소박한 울림이 있다. 3연의 '괜찮아'에서는 가슴에 물결이 '팍' 일어나는 느낌이다. 그 괜찮다는 말이 참 따뜻하고 좋다. 학교 가는 길 옆에 부끄러워 자신을 감추는 듯한 모습의 꽃에게 위로를 전한다. 교실에서 집에서 마을에서 만나는 부끄러움 많고 도움이 필요한 친구에게 우리가 전할 수 있는 그런 따뜻한 말이다.

노래는 그 부분을 잘 살려 나타내려 한다. 작아도 꽃이라고, 괜찮다는 말을 후반부에 두 번이나 반복한다. 어린이들과 이 부분을 따뜻하게 잘 불러 보자. 가락이 어렵거나 음이 높은 노래는 아니다. 저학년 어린이들도 몇 번 들으면 쉽게 흥얼거릴 수 있다. 중간에 두 마디가 추가되어 약간 어색하지만 그곳만 익숙해지면 매일 오가는 길에 어린이들의 흥얼거림을 들을 수 있을지도 모른다. 어린이들이 노래를 어느 정도 익히면 학교 밖으로 나가서 직접 꽃을 찾아보도록 하자. 작은 꽃을 찾아 '괜찮아'라고 말하면서 이 노래를 부르는 어린이가 있지 않을까? 사진을 찍고 교실로 돌아와 꽃 그림을 그리고 작은 꽃을 떠올리며 시를 한 편 써 보자. 그림과 시가 어우러진 예쁜 시화를 완성할 수 있다. 노래가 갖는 특징을 잘 살려서 어린이들이 직접 작은 손동작을 만들고 화음 반주를 만들어 간단한 합주와 함께 노래로 불러 봐도 좋다.

작은 꽃 그림 시화 만들기

어린이들과 교실 밖으로 나가 학교 안과 밖, 길에 피어난 작은 꽃들을 찾아보자. 아직 피지 않은 작은 꽃, 활짝 핀 꽃 어느 것이든 좋다. 마음에 드는 꽃을 그림으로 그려 보자. 시간을 가지고 천천히 자세히 살펴보며 그리면 좋겠다. 서둘러 빨리 그리는 그림도 재미있지만, 먼저 작은 꽃과 인사하며 "너는 참 소중해."라고 말해 보는 것이 더 좋겠다.

어린이들이 각각 자신이 그린 꽃 그림으로 시화를 만들어 보도록 한다. 꽃을 보면서 떠오른 느낌을 생각하고, 친구들과 이야기 나누면서 선생님께 질문하며 자신만의 생각을 시로 써 보도록 한다. 시는 꼭 그림으로 그린 꽃과 관련된 내용이 아니어도 된다. 하늘 이야기, 엄마 이야기, 친구 이야기, 내 꿈 이야기, 우리 집 강아지 이야기, 아침에 본 개미 이야기, 좋아하는 색깔 이야기, 어제 먹은 저녁 이야기 등등 무엇이든 자유롭게 쓸 수 있도록 안내한다. 어떤 시든 직접 그린 꽃 그림이 시를 더 멋지게 만들어 줄 것이다.

신체 타악기 반주 만들기

노래 부르면서 몸으로 박자를 만들어 보는 활동이다. 발 구르고 손 뼉 치기, 무릎 치고 손뼉 치기, 내 손뼉 치고 친구 손뼉 치기를 해 본 다. 율동처럼 두 박은 무릎 치고 두 박은 꽃 모양을 만들거나 친구를 보면서 하트를 날려도 재밌을 것이다. 4박자에 맞춰서 만든다. '하 나 두울 세엣 네엣' 숫자를 세면서 몸을 움직이며 박을 쳐 보자.

하나	둘	셋	넷
발 구르기	손뼉 치기	손뼉 치기	손뼉 치기
발 구르기	손뼉 치기	무릎 치기	손뼉 치기
무릎 치기	손뼉 치기	손뼉 치기	손뼉 치기

처음에는 교사가 손뼉 치며 노래를 부르고 학생은 교사의 표현을 보면서 숫자를 세어 본다. 일정한 박을 느끼면서 노래와 신체 표현 을 보고 이해할 수 있다.

두 번째는 학생들이 손뼉 치며 노래 부른다. 교사가 했던 활동을 그대로 하는 것이다. 이때 교사는 이전에 학생이 했던 숫자 세기 활 동을 한다. 이어서 교사가 무릎, 손뼉 치기를 하고 학생은 노래를 부른다. 첫 활동과 마찬가지로 보면서 활동을 이해한다. 네 번째에 는 교사와 학생이 다 함께 신체 타악기(율동)로 연주하며 노래를 부 른다. 신체 표현과 노래 부르기를 동시에 하면서 음악 협응 능력도 키울 수 있다.

	교사	학생
1	손뼉 치며 노래 부르기	숫자 세기
2	숫자 세기	손뼉 치며 노래 부르기
3	네 박자 신체 타악기 연주하며 노래 부르기	노래 부르기
4	신체 타악기 연주하며 노래 부르기	

비 오는 날 일하는 소

온정초 4학년 7 6 회 용

비가 오는데도
어미소는 일한다
소가 느리면 주인은
고삐를 들고 때린다
소는 음무음무거린다
송아지는 뭐가 좋은지
물에도 철벙철벙 걸어가고
밭에서 막 뛴다
말 못하는 소를 때리는
주인이 밉다
오늘 같은 날 소가
푹 쉬었으면 좋겠다

남의 아픔을
느낄 줄 아는 마음은 참 아름답다.
사람뿐 아니라
동물이나 식물한테도
함부로 하지 않는 마음은
참 귀하다.
남을 자기처럼 아낄 때
세상이 환해진다.

비 오는 날 일하는 소

김호용 어린이 시 · 백창우 곡

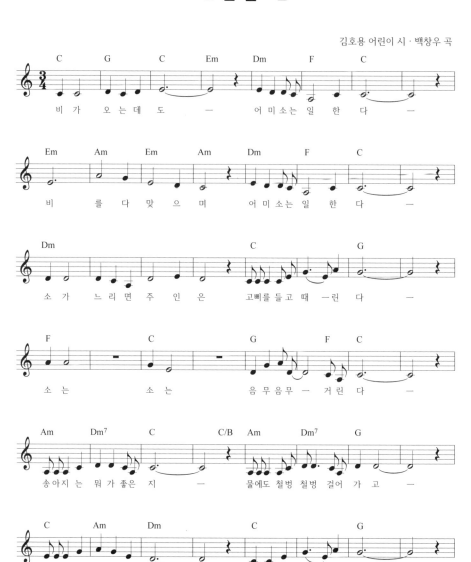

비 오는 날 일하는 소

누구에게도
함부로 하지
않는 마음

"선생님, 어미 소가 너무 불쌍해요!"

"어미 소가 저렇게 고생하는데, 송아지는 뭐가 좋다고 저렇게 신나 게 놀고 있을까요?"

노래를 들려주면 어린이들의 관심은 어미 소와 주인에게 집중되 다 나중에는 송아지에게까지 이른다. 그러다 노래를 들었을 때 가장 생각나는 사람을 물어보면, 자신을 위해 헌신적으로 일하는 부모님 이 떠오른다는 어린이들이 많다.

백창우 선생님 노래 〈비 오는 날 일하는 소〉는 시골의 한 아이가 밭에서 일하고 있는 소와 주변의 상황을 마치 그림을 그리듯 묘사한 노래이다. 처음에는 단순히 소가 가엾다는 생각만 가졌던 아이는 이 윽고 그 소의 모습에서 부모님이 평소 애쓰시는 모습을 보았던 것은 아닐까? 그리고 어미 소의 힘든 상황을 모른 채, 놀기만 하고 있는 송아지의 행동이 무척 얄미웠을 것이고, 그 송아지에게서 평소 자신의 모습을 발견했을지도 모른다. 그러면서 맨 마지막에는 오늘같이 비가 오는 날만이라도 소가 푹 쉬었으면 좋겠다고 자신의 바람을 담은 말로 마무리한다.

이 노래는 4/4박자의 느린 템포로 진행되며, 기타 위주의 반주 구성은 노래 가사에 더욱 집중하게 만들어 준다. 또한 빗소리와 새와 소 울음소리는 노래 듣는 이를 아이가 보았던 시골 들녘으로 초대하기에 충분하다. 비가 오는 날, 가만히 눈을 감고 이 노래를 어린이들과 들어 보기를 권한다. 노래 속에서 부모님과 자신의 모습, 그리고 반려동물과의 추억 등이 떠오르는 경험을 어린이들에게 선물하는 시간이 될지도 모른다.

노래의 장면을 4컷 만화로 표현하기

이 노래는 시 속의 아이가 자신이 본 장면을 마치 그림 그리듯이 자세히 묘사한 곡이다. 그래서 노래를 듣고 있으면 노래 속 화자가 서 있는 공간 안에서 벌어지는 상황들이 눈앞에 생생하게 그려지는 것만 같다. 노래를 부르기 전에 조용한 분위기 속에서 곡 전체를 온전히 감상한 뒤, 노래 속 이야기를 4컷 만화로 표현해 보자. 전체적인 노래의 분위기와 시 속의 아이가 노래에 담아내고자 했던 마음을 온전히 이해하는 데 이보다 좋은 활동은 없을 것이다.

4컷 만화로 표현하기

노래 속 등장인물들에게 하고 싶은 말 쓰기

〈비 오는 날 일하는 소〉라는 곡에는 소의 주인, 어미 소, 송아지가 등
장한다. 하지만, 이 세 대상을 바라보는 아이의 감정은 각각 다르다.
비 오는 날에도 어미 소에게 일을 시키는 주인에게는 화가 났을 것
이고, 그런 주인에게 맞으며 일만 하는 어미 소가 무척 불쌍했을 것
이다. 그리고 어미 소가 힘든 줄도 모르고 밭을 뛰어다니며 놀기만

하는 송아지는 얄미웠을 것이다.

이렇듯 시 속 화자가 되어 세 대상에게 하고 싶은 말을 적어 보는 활동을 통해 다양한 입장과 처지에 놓인 상대방을 이해하고, 자신의 모습을 성찰하는 기회로 활용해 보자.

등장인물	하고 싶은 말
소의 주인	소도 생명인데 가축이라고 막 대하지 마세요!
어미 소	어미 소야 많이 힘들지? 못된 주인 아래에서 고생이 많구나. 굳세게 버티면 언젠간 좋은 날이 올 거야.
송아지	송아지야 아기라고 막 놀지 말고 엄마를 도와주렴. 아니면 이런 날이라도 엄마를 도와주렴.

등장인물에게 하고 싶은 말 쓰기

노래 가사 빙고 게임하기

〈비 오는 날 일하는 소〉는 멜로디도 편안하고 아름답지만, 가사가 주는 메시지에 집중하며 들어야 더욱 감동이 느껴지는 곡이다. 어린 이들이 가사를 주의 깊게 살펴보게 만드는 방법으로 노래 가사 빙고 게임 활용법이 있다. 다른 친구들도 대부분 적었을 것 같은 가사를 적어야 빙고를 외칠 가능성이 높아지기 때문에, 어린이들은 노래 속 중요한 단어를 찾기 위해 몰입하여 활동에 참여한다.

노래 가사 빙고 게임 활동 단계

1단계 노래를 들려주고, 학생들이 돌아가면서 들은 단어를 하나씩 말하고 교사는 칠판에 그 단어를 적는다.

2단계 그 단어 중에서 중요하다고 생각되는 단어를 칸 숫자만큼 골라 적는다.

3단계 모든 학생들이 다 발표한 뒤 빙고가 된 칸이 가장 많거나, 가장 빨리 빙고를 외치는 아이가 승리하는 게임이다.

오늘	어미소	철벙철벙	고삐
같은	비	밭	소
일	밉다	주인	때린다
일한다	물	아무것도	송아지

노래 가사 빙고 게임 방법

같은 리듬의 가사 찾기

〈비 오는 날 일하는 소〉에는 4분의 3박자 노래에서 많이 쓰이는 다양한 리듬꼴이 등장한다. 노래를 들으며, 아래의 리듬과 같은 리듬의 가사를 찾아 번호를 적어 보자. 비교적 단순한 활동이지만 어린이들은 다양한 리듬의 세계로 빠져들 것이다. 활동 전에 손뼉이나 리듬막대를 활용하여 어린이들이 주어진 리듬에 익숙해질 시간을 충분히 주어야 한다. 또 처음부터 악보를 보지 않고 마디별로 끊어서 제시된 리듬만 보고 같은 리듬을 찾도록 한다. 여러 개의 리듬을 동시에 찾는 것보다, 노래를 한 번 들려줄 때마다 한 가지 리듬만 찾도록 안내한다.

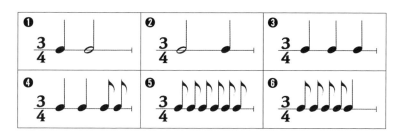

비가	오는데	도	–	어미 소는	일한	다	–
❶	❸			❹	❷		
비	를 다	맞으	며	어미 소는	일한	다	–
	❷	❷		❹	❷		
소가	느리면	주인	은	고삐를 들고	때–린	다	–
❶	❸	❷					
소는		소는		음무음무	–거린	다	–
❶		❶		❹			
송아지는	뭐가 좋은	지	–	물에도 철벙	철벙 걸어	가고	
	❹					❶	
아무것도	모르는	듯	–	밭에서	막–뛴	다	–
	❸				❸		
말 못하는 소를	때리는	주인이	밉다	오늘 같은 날	은	오늘 같은 날	은
❺	❸		❶	❻		❻	
소가 푹	쉬었으면 좋겠	다					
❸	❺						

토끼 5

권정생

깜장 토끼가 노란 토끼를 핥아 주고
하얀 토끼가 잿빛 토끼한테 기대어 자고

토끼는 빛깔이 달라도 서로 아끼고
토끼는 눈빛이 달라도 나란히 살고

토끼는 모두 모두 예쁘다 그러고
하늘처럼 하늘처럼 푸르게 살고

까만 토끼
노란 토끼
하얀 토끼
잿빛 토끼
토끼는 빛깔이 달라도
서로 아끼고
기대어 간다.
토끼보다 못한 사람이
얼마나 많을까.

깜장 토끼, 노란 토끼, 하얀 토끼, 잿빛 토끼

시 원제 <토끼 5>

권정생 시 · 백창우 곡

깜 장 토 끼가 노란토끼를핥아주 고

하 얀 토 끼가 잿빛토끼한테 기 —대어자 고 토 끼는

빛 깔이 달 라도 서로아끼고토끼는 눈 빛이달라도 나 란히살고

토 끼는모두모두 예쁘다 그리고 하 늘처 럼 — 하 늘처 럼 —

하 늘처 럼 —푸르 게 산 다

깜장 토끼, 노란 토끼,
하얀 토끼, 잿빛 토끼

서로 다른
우리가
더불어 사는
세상

"너희 둘은 오늘도 또 싸우니?"

"얘가 먼저 저 보고 키 작다고 놀렸단 말이에요."

"지는 저번에 나보고 뚱뚱해서 느리다고 놀려 놓고선!"

　20평 남짓한 좁은 교실에서 생긴 모습도 다르고, 좋아하는 것도 제각각인 어린이들이 부대끼며 살아가다 보면, 사소한 다툼이 자주 일어나곤 한다. 대부분 시간이 지나면 화가 잦아들며 자연스럽게 풀리지만, 그 이유를 살펴보면 나와 다른 상대방의 모습이나 각자가 지닌 성향의 차이를 이해하지 못해 갈등이 생길 때가 많다.

　〈깜장 토끼, 노란 토끼, 하얀 토끼, 잿빛 토끼〉는 서로의 다름을 존중하며, 함께 어울려 살아가는 동물들의 모습을 정겹게 담고 있는 노래다. 아니, 좀 더 정확하게 말하자면 생긴 모습이나 성격, 심지어

는 사는 곳이나 피부색 등이 다르다는 이유로 차별하고 무시하는 사람들을 향해, 각기 다른 빛깔의 토끼가 한데 어울려 살아가듯 우리도 그렇게 살자고 이야기하는 곡이다.

다섯 단으로 구성된 리듬과 선율이 똑같이 반복되는 구간이 없고, 군데군데 반음도 있어, 악보를 보고 부르기 까다롭다고 느낄 수도 있을 것이다. 하지만 멜로디와 가사의 결합이 어린이들 입말에 맞게 자연스럽게 이루어진 곡이라, 노래를 배우기 전 여러 번 들려주며 어린이들의 귀를 먼저 열어 준다면, 노래를 익히는 데 큰 어려움이 없을 것이다.

서로 다른 꿈과 가치를 지닌 어린이들이 자신의 의지와 상관없이 모이게 된 '학교'라는 공간은 서로 다름을 인정하고 공동체가 주는 따뜻함을 느끼며 배울 수 있는 최적의 장소이다. 노랫말에 담긴 토끼들의 살가운 모습이 우리에게 주는 메시지에 주목하여 노래를 불러 본다면, 더불어 사는 삶의 진정한 의미를 생각해 보고 나누는 데 부족함이 없을 것이다.

당신은 당신의 이웃을 사랑하십니까?

'당신은 당신의 이웃을 사랑하십니까?'는 어색했던 마음을 풀기 위해 교실에서 많이 하는 놀이다. 모든 친구들이 원으로 둘러앉고, 술래가 원 안에서 돌아다니며, 친구에게 '당신은 당신의 이웃을 사랑하십니까?'라고 묻는 방식으로 진행되는데, 질문을 받은 친구가 '아니요'라고 답하면 다른 친구 앞에 가서 같은 질문을 해야 하고, 만약 '예'라는 대답을 들으면, 어떤 이웃을 사랑하느냐고 재차 질문을 해야 한다. 이때 질문을 받은 친구가 자신이 사랑하는 이웃의 유형을 말하게 되고, 거기에 해당되는 사람들은 모두 자리에서 일어나 재빨리 빈자리로 옮겨야 한다. 마지막에 자리에 앉지 못하고 남는 친구가 술래가 되는 방식이다.

이 놀이는 친구의 모습이나 입고 있는 옷 색깔, 성별 등과 같은 특징을 자세하게 관찰해야 생동감 넘치게 진행할 수 있는 놀이다. 그래서 놀이를 하는 과정 속에서 우리 학급에는 참 다양한 친구들이 한데 어울려 살아가고 있다는 걸 자연스레 알게 된다.

보통 사랑하는 이웃을 이야기할 때는 놀이에 참가하는 모든 사람들이 인정하는 객관적인 사실, 예컨대 '노란 옷을 입은 친구'라든지, '치마를 입은 사람'과 같이 눈으로 곧바로 확인 가능한 유형만 말하도록 하는 것이 일반적이다. 하지만, 여기서는 나와 다른 친구들의 다양한 성향을 살펴보는 것이 목적이므로, 그 사람만 알 수 있는 어떤 상황이나 사물에 대한 호감도, 사람들이 지닌 성격상의 장점 등도 함께 이야기할 수 있도록 허용해 준다.

그림책 《내 귀는 짝짝이》를 읽고

토끼가 주인공으로 등장하는 《내 귀는 짝짝이》(기도 반 게네흐텐, 웅진주니어)는 나와 다른 이를 있는 그대로 바라보는 존중과 배려의 태도에 대해 학생들과 나누기 좋은 그림책이다. 그림책을 어린이들과 함께 읽거나 유튜브를 통해 시청한 후, 책 속 등장인물이 되어 내가 갖고 싶은 귀를 그려 보고, 그림 속 토끼를 소개하는 글을 써 보자. 다양하게 표현된 토끼 귀를 보며, 나와 다름이 이상한 게 아니라는 것을 자연스럽게 인식하게 될 것이다.

그림책 속 등장인물이 되어 자신을 소개하기

반복되는 특정 가사 빼고 노래 부르기

'깜장 토끼, 노란 토끼, 하얀 토끼, 잿빛 토끼'라는 노래 가사처럼 특정한 단어가 자주 등장하는 노래라면 그 가사를 빼고 부르는 활동을 적극적으로 추천한다. 무척 단순한 활동인데도 묘한 긴장감을 불러

일으켜 어린이들이 노래에 집중하게 된다. 또한 특정 부분에서 갑자기 소리를 내지 않아야 하기 때문에, 리듬감을 기르는 데에도 매우 효과적이다.

'토끼'라는 글자를 빼도 좋고, 문장의 맨 마지막에 등장하는 '고'를 빼고 불러도 좋을 것이다. 이 활동을 무난하게 통과한다면, '토끼'와 '고'를 다 빼고 부르기를 시도해 보자. 어린이들이 노래 부르기 활동에 몰입하여 참여하는 모습을 볼 수 있을 것이다.

리듬 오스티나토 반주하기

'오스티나토'란, 곡 전체에 걸쳐 반복되어 나오는 짧은 가락이나 리듬을 일컫는 말이다. 〈깜장 토끼, 노란 토끼, 하얀 토끼, 잿빛 토끼〉는 다양한 악기가 저마다의 리듬으로 재미있게 반주가 구성되어 있어, 어린이들과 함께 교실에 있는 여러 가지 리듬악기를 활용하여 아래와 같이 오스티나토 반주를 만들어 연주해 보길 권한다.

리듬 오스티나토 연주 악보

고양이의 탄생

이안

고양이 다섯 마리가
태어났어요

입에
조붓한 길을 하나씩 물고요

고양이에게는 도무지
걱정이 없습니다

고양이는
길을 물고 태어나니까요!

옛날부터
전해 내려오는 인디언 말에
"사람은 누구나
자기 길을 품고 태어난다"는 말이 있다.
또 우리 옛말에는
"누구나 제 밥그릇을 갖고 태어난다"는
말이 있다. 뭐 비슷한 뜻을 가진 말이다.
사람이든 개든 고양이든 그 누구든
태어날 때 자기 길을 품고 태어난다.
언제 그 길에 들어설지 아무도 모르지만.
<고양이의 탄생>은 바로
이런 뜻을 품고 있는 노래다.
나는 '굴렁쇠아이들'과 이 노래를 부를 때,
1절은 어둡고 느리게 부르고
2절은 밝고 빠르게 부른다.
1절은, 사람이 판치는 세상에서 살아갈
고양이의 삶이 조마조마해서이고
2절은, 세상에 하나뿐인 누군가가
새로 온 거니
이 세상이 고만큼 더 재미있고
아름다워질 거란 마음이 들어서다.
오늘도 누군가 새로 태어난다.

고양이의 탄생

이안 시 · 백창우 곡

고 양 이 다 섯 마 리 가 태 어 났 어 요

입 — 에 조 붓 한 길 을 하 나 씩 물 고 요

고 양 이 에 게 는 도 무 지 걱 정 이 없 습 니 다

고 양 이 는 길 을 물 고 태 어 나 니 까 요

매 순간
모든 생명이
평안하기를

시와 노래가 참 묘하게 만났다. 시를 읽을 때는 슬픈 감정이 크게 다가오지 않았는데, 노래가 시 속에 숨어 있던 슬픔을 확 꺼내 놓았다.

시의 마지막 느낌표는 오히려 '고양이 걱정하지 마세요. 잘살 거예요.'라는 희망을 느끼게 한다. 아니면 "잘살 거라니까요!"라고 외치는 것인가 하는 생각도 든다.

세 박자 열여섯 마디로 만들어진 이 짧은 노래가 그 슬픔을 밖으로 꺼내 놓았다. 단음계는 우울함을 표현하기에 좋은 조성이다. 그렇다고 노래가 고양이의 탄생을 슬픔으로만 표현하지는 않는다. '걱정이 없습니다'는 오히려 음이 올라가고 내려오면서 힘을 주어 노래하게 만든다. 노래에서 음이 올라갈 때 자연스럽게 힘이 들어간다. 그 힘으로 우리의 슬픔과 걱정을 일부 내려놓게 하려는 듯한 의도도 느껴진다.

노랫말에 '조붓한 길을 하나씩 물고요'라는 말이 나온다. '조붓한 길'은 좁은 길, 고양이가 살아가는 좁은 골목을 말한다. 골목에서 시작한 고양이의 삶이지만 이제는 큰길을 만날 일만 남았다. 고양이 다섯 마리는 이제 그 이후 매 순간 평안하게 살아가기를…….

어린이들은 개와 고양이에 대해 이야기하는 것을 참 좋아한다. 동물에 대해 함께 이야기 나눠 보자. 어떤 것이 좋고, 어떤 것이 안 좋은지도 생각해 보자. 사람이 이렇게 동물을 키우는 것은 과연 옳은지도 좋은 토론 주제가 된다. 버려긴 길고양이는 평균 수명이 1년 반에서 2년 정도라는데 이런 동물들을 위해서는 어떻게 하는 게 좋을까?

그림책 속 동물들 만나기

초등학교 실과에는 '동식물 키우기'가 포함되어 있다. 식물과 동물의 종류를 살펴보고 사람이 살아가면서 필요한 목적에 따라 동물과 식물의 종류를 나눈다. 관엽식물이니 식용식물이니 약용식물이니 식물의 종류를 정하는 것이다. 동물도 먹을거리를 얻기 위해 기르는 동물, 원료나 재료를 얻기 위해 기르는 동물, 정서적인 교감을 나누는 동물, 그 밖의 다양하게 활용하는 동물로 분류된다고 배운다. 지금 세상은 사람 중심이 아닌 것이 없다지만 왠지 무섭다.

《우리 여기 있어요》(허정윤 · 고정순, 킨더랜드)에 나오는 동물원 안에서 평생 갇혀 사는 동물들의 속상한 이야기를 어린이들에게 읽어

주었다.

"동물들이 어떤 마음이었지요?"

"결혼을 해도 아이를 갖지 말라고 했어요. 평생 시멘트 바닥에서 살아야 한다고……."

"사육사나 사람들에게 이빨을 보이지 말라고 했어요. 그러면 굶어야 한대요."

"사람들이 주는 과자나 음식을 함부로 먹으면 배가 아프다고 했어요."

"여러분들 마음은 어때요?"

"동물원의 동물들이 너무 불쌍해요."

"그렇다면 동물원은 계속 있어야 할까? 아니면 없어져야 할까?"

어린이들은 헷갈려 한다. 알을 낳고 싶다고 목숨 걸고 참혹한 현실에서 빠져나오는 암탉을 응원하면서 급식 시간에 닭고기가 나오면 제대로 먹지도 않고 버리는 어린이들을 보면서 마음이 복잡하다. 같이 읽어 볼 만한 책이 몇 권 더 있다. 《마당을 나온 암탉》(황선미, 사계절), 《돼지 이야기》(유리, 이야기꽃), 《꽃섬 고양이》(김중미, 창비) 도 읽고 어린이들과 이야기 나눠 보자.

세상에 태어난 모든 생명이 저마다의 의미가 있을 텐데 인간은 자신들의 필요에 따라 생명을 소비하고 있다. 인간도 무엇인가를 먹고 살아야 하니 식물이나 동물을 먹을 수밖에 없다. 하지만 인간에게는 소비할 권리가 있으니 동식물을 함부로 대해도 된다는 생각보다는 인간이 먹고 살아갈 수 있도록 해 주는 자연과 세상 모든 것에 감사하는 마음으로 더 가치 있게 살아가려고 노력해야 하지 않을까?

노래 이야기 만들기

모든 노래는 이야기를 품고 있다. 노랫말을 쓰는 사람, 곡을 짓는 사람, 노래를 부르는 사람 모두가 각각의 단계에 맞는 방법으로 이야기를 품는다. 이렇게 시와 노래가 만나는 곡에서 우리는 참 많은 것을 상상할 수 있다. 시를 통해 현재의 모습을 자세히 그려 볼 수 있다. 노래를 통해서는 현재 모습의 '색감'과 '뉘앙스'를 느낄 수 있다.

고양이 다섯 마리가 태어났다. 조그만 입으로 무엇인가 길을 잡고 있다. 각자의 운명에서 건강하게 자라나려고 애쓰는 귀한 생명에 대

나는 번개시장이라는 곳에 있는 작은 골목에서 태어났다. 엄마, 아빠, 누나, 형이랑 살았었다. 그중에서 나는 막내였고 엄마아빠는 우리 삼남매을 아낌없이 돌봐 주셨다. 하지만 어느 순간부터 엄마, 아빠는 보이지 않았다. 형,누나는 결국엔 배고 파 의해 죽었고 난 온 힘을 지어짜내 근처 건물 안에 왔고 그리고 다음날 건물에 있는 인간들에 사라지신 엄마,아빠처럼 돌봐주셨다. 그리고 나에게도 이름이란게 생겼다. 나의 이름은... (이야기는 실화를 바탕으로 만들어 졌습니다.)

조용하고 사람없는 좁은 골목길에서 하루와 그의 남매가 태어났다 그렇지만 하루가 태어날 때 하루만 살아남고 남매와 부모님은 다 죽었다 하루는 태어나자마자 외로웠다 그런던 어느 날 다른 고양이인 우주를 만났다 하루는 난생 처음 외롭지 않았다. 또 희망이 생겼다. 그렇게 우주랑 지내다 보니 반년이 지났다. 우주가 죽었다 다시 한 번 하루에게 외로움이 찾아왔다 하루는 외롭게 하루를 맞이하며 끝내... 늦렸다

한 이야기가 탄생한다. '첫째 고양이는 성격이 온순하고 책임감이 강하고 둘째 고양이는 개성이 강해서 배가 고프더라도 하고 싶은 것을 해야 한다.' 등의 이야기가 나올 수 있다.

이야기를 만들면서 각각이 고귀한 생명이고 인간이 어떻게 동물을 이해하고 받아들여야 하는지 이야기해 보자.

유기견, 유기묘 문제를 해결하는 방법은?

우리 주변에서 많이 보게 되는 유기견과 유기묘에 대해서도 이야기를 나눠 보자. 왜 이런 일이 일어났고, 어떻게 해결할 수 있을지 찾아본다. 또, 이런 일을 해결하기 위해서 우리가 할 수 있는 일은 무엇일지 함께 생각해 보는 시간을 갖자.

길에서 주인 없이 버려진 개나 고양이를 본 적이 있을 것이다. 혹시 주인 없는 개나 고양이에게 밥을 주거나 보살펴 준 친구가 있을지도 모르겠다. 요즘은 길에 있는 개나 고양이가 안쓰러워 집에 데리고 와서 키우는 사람들이 많으니, 그런 경험이 있는 어린이도 있겠다. 꼭 우리가 할 수 있는 일이 아니더라도 좋으니 생각을 모아 보자.

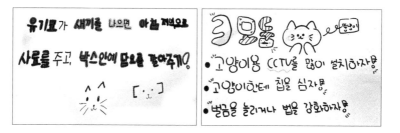

별

임길택

하늘의 별들이
땅으로 내려온 것일까요
도랑가 여뀌
저마다 꽃을 피우고 있어요

밤이면 하늘에 뜨고
낮이면 땅에 내려와
별이 되었다가
들꽃이 되었다가

이 가을에 별들은
하늘과 땅을
몰래몰래 오가는 것일까요

★은
하늘의 꽃이고
꽃은 땅의 ★이다.
이 둘이 없다면
세상이 얼마나 쓸쓸할까.
★이 있어서 좋다.
꽃이 있어서 참 좋다.

별

임길택 시 · 백창우 곡

하늘의 별들이 땅으로

내려온 것일까요

도랑가 여뀌 저마다

꽃을 피우고 있어요

밤이면 하늘에 뜨고 —

낮이면 땅에 내려와 —

별　　　　이　　　　되 었 다 가

들 꽃 이 되 었 다 가　　　　ー　　　이

가 을 에 별 들 은 그　　렇　게

하 늘 과 땅 을 몰　래　몰　래

오 가 는 것 일 까 요

하늘과 땅을
오가는
아름다운 별

백창우 선생님 노래에는 늘 우리 곁에 존재하지만, 쉽게 지나치기 쉬운 들꽃이나 동물, 별과 같은 자연물의 아름다움을 담은 가사가 많이 등장한다. 여기에 소개된 '별'도 그러하다. 도랑가에 곱게 핀 여뀌를 보고, 별이 하늘에서 땅으로 내려와 꽃을 피웠다는 임길택 선생님의 문학적 상상력은 백창우 선생님의 아련하고 잔잔한 멜로디에 얹어져, 가을밤의 정취에 흠뻑 빠져들게 만드는 한 편의 수채화로 다시 태어났다.

〈별〉은 백창우 선생님이 만든 어린이 노래 중 단조로 시작하는 몇 안 되는 노래이다. 이 세상에 노래로 표현되어야 하는 감정이 즐거움이나 밝음, 경쾌함만 있겠는가? 그건 어린이들의 노래라고 해서 예외는 아니다. 때로는 슬픔과 외로움도 표현되어야 하고, 어떤 때는 차오르는 분노를 표현해야 할 때도 있을 것이다. 인간의 다양한 감정과 정서를 담은 노래와 깊게 만나는 과정은 어린이들의 예술적 감성과 음악적 표현력을 한층 성장시키고, 억누르고 있던 부정적인 감정을 순화시키는 데 적지 않은 도움을 준다.

별이 하나둘씩 밤하늘을 수놓을 때쯤, 만약 어린이들과 자연 속에 머물 기회가 생긴다면, 이 노래를 함께 듣거나 읊조려 보시길 권한다. 하늘과 땅에서만이 아니라 어느새 우리 가슴속에 내려앉아 하얀 꽃을 피우고 있는 별을 만날 수 있을 것이다.

'별'을 표현한 노래 듣고 느낌 나누기

도시에 사는 아이들은 선명하게 반짝이는 별을 보기 어려워졌지만, 노래 속의 별은 한결같은 모습으로 빛나며, 사람들의 소망과 다짐, 그리움 등을 나타내는 소재로 자주 등장한다.

어린이들과 별을 소재로 한 여러 가지 노래들을 들어 보고, 그 노래의 느낌을 찾아보는 활동을 해 보자. 다양한 곡의 분위기나 여러 가지 형식을 분석하고 이해하는 힘을 기르는 데 도움이 될 것이다. 또한 〈별〉은 동요에서 쉽게 보기 어려운 단조로 시작하여 장조로 마치는 곡의 형식을 갖추었으므로, 어린이들과 이 노래에서 장조와 단조로 표현된 부분을 찾아보는 것도 흥미로운 활동이 될 것이다.

백창우의 〈별〉	모차르트의 〈작은 별〉	윤병무의 〈별 보며 달 보며〉
☐ 장조 ☐ 단조	☐ 장조 ☐ 단조	☐ 장조 ☐ 단조
곡의 느낌	곡의 느낌	곡의 느낌
☐ 어둡다 ☐ 귀엽다 ☐ 신비롭다 ☐ 경쾌하다 ☐ 밝다 ☐ 우울하다 ☐ 웅장하다 ☐ 고요하다	☐ 어둡다 ☐ 귀엽다 ☐ 신비롭다 ☐ 경쾌하다 ☐ 밝다 ☐ 우울하다 ☐ 웅장하다 ☐ 고요하다	☐ 어둡다 ☐ 귀엽다 ☐ 신비롭다 ☐ 경쾌하다 ☐ 밝다 ☐ 우울하다 ☐ 웅장하다 ☐ 고요하다

**백창우 선생님의 〈별〉을 듣고, 장조의 느낌이 나는 곳에는 V를,
단조의 느낌이 나는 곳에는 ○표를 해 봅시다.**

☐ 하늘의 별들이 땅으로 내려온 것일까요
☐ 도랑가 여뀌 저마다 꽃을 피우고 있어요
☐ 밤이면 하늘에 뜨고 낮이면 땅에 내려와
☐ 별이 되었다가 들꽃이 되었다가
☐ 이 가을에 별들은 그렇게 하늘과 땅을 몰래몰래 오가는 것일까요

별을 표현한 노래 듣고 곡의 느낌 나누기

3/4박자 지휘 만들어 노래 부르기

간혹 교실에서 오케스트라가 연주하는 영상을 시청하다 보면, 관찰력이 좋은 어린이는 지휘자의 지휘가 우리가 알고 있는 지휘 방법과 다르다고 말하기도 한다. 그럴 때마다 같은 박자로 연주되는 곡이라도, 곡의 분위기와 음악에 담아내고자 하는 메시지가 다르니, 우리가 흔히 알고 있는 지휘 방법에 얽매일 필요는 없다고 말해 주곤 한다.

음악 교과의 정형화된 이론을 가르치는 것도 좋지만, 어떻게 보면 자신만의 색깔로 창의적인 표현을 할 수 있도록 돕는 일이 음악교육

에서 더 중요하다. 지휘는 지휘자와 연주자 사이의 대화이며, 곡의
표현 방법을 알기 쉽게 전달하는 것이 가장 큰 목적이다. 만약 내가
지휘자라면 이 곡의 분위기나 담고자 했던 메시지를 연주자들에게
어떻게 전달하면 좋을지 생각해 보고, 3박자 지휘를 자유롭게 만들
어 보도록 하자. 자신이 만든 지휘에 맞춰 노래하는 친구들의 모습
을 보는 어린이들의 예술적 자존감은 더욱 커질 것이다.

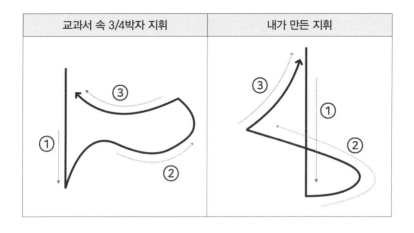

'별'의 맨 처음 두 악절 멜로디언으로 반주하기

'별'이 시작되는 맨 처음 두 악절은 베이스 음이 반음씩 떨어지는 코
드로 구성되어 있다. 시b이나 라b과 같은 반음이 들어 있어 어린이
들이 처음엔 생소하게 느낄 수 있으나, 반음을 연주하기에 어려움이
없는 멜로디언으로 베이스 음만 연주해 보면 '별'이라는 노래가 주

는 신비롭고 오묘한 음악적 표현을 어렵지 않게 경험할 수 있을 것
이다.

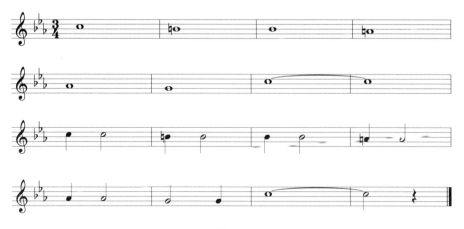

멜로디언 반주 악보

나만의 별자리 만들기

별은 사람들에게 추억과 그리움의 대상이자, 변함없는 아름다움을
간직한 경배의 대상이 되어 왔다. 그래서 사람들은 빛나는 별을 보
며 그리운 이를 떠올리기도 하고, 별과 별을 이은 그림 위에 자기 삶
을 투영하여 이야기하는 것을 즐긴다.

　옛날 사람들이 밤하늘을 수놓은 별 무리를 보며 여러 가지 이야
기를 품은 별자리를 만들었듯이, 자신의 바람이나 좋아하는 것 등을
담아 나만의 별자리를 만들고, 재미있는 이야기도 붙여 보자. 〈별〉

이라는 노래에 등장하는 여뀌를 그려도 좋고, 자신의 가족이나 좋아하는 동물의 모습을 담아도 상관없다. 나만의 별자리를 만드는 과정은 어린이들을 흥미롭고 다채로운 상상의 세계로 인도해 줄 것이다.

※ 준비물 : 검은색 도화지, 연필, 노란색 색연필, 별 모양 스티커

① 검은 도화지에 자신이 만들고 싶은 별자리 모양을 연필로 연하게 그린다.

② 자신이 그린 모양에 별 모양 스티커를 붙일 자리를 표시한다.

③ 표시한 부분에 밝은색의 별 모양 스티커를 붙인다.

④ 노란색 색연필로 스티커와 스티커 사이를 선으로 그려 이어 준다.

비

마암분교
5학년 윤귀봉

비가 온다
둑둑 온다

갑자기
두두둑 온다

비가 더
좍좍 온다

개가 운다
무서워서

224

시냇물 = 졸졸
새싹 = 파릇파릇
파도 = 철썩철썩
비 = 주룩주룩
눈 = 펑펑
나비 = 팔랑팔랑
바람 = 솔솔

어른들이 이렇게 뻔한 말에서
벗어나지 않으면 아이들도 그냥
어른들을 따라하게 된다.
본디 아이들에게는 매미가 '맴맴'
울기만 하지 않는다.
'매용매용' 울기도 하고 '찌징찌징' 울기도 한다.
개구리가 '개꿀개꿀' 울기도 하고
때까치가 '깍깍깍' 울기도 한다.
바람이 '씩씩' 불고 소나기가 '두두둑' 온다.
이렇게 본대로, 들은대로, 느낀대로
쓰기만 해도
아이들 글은 훨씬 생생해진다.
자꾸 '정답'을 알려주는
어른이 문제다.

비가 온다

윤귀봉 어린이 시 · 백창우 곡

비 가 온 다 둑 둑 (비 가 온 다 둑 둑) 비 가 온 다 둑 둑 (비 가 온 다 둑 둑)

두 두 둑 두 두 둑 두 두 둑 두 두 둑 갑 자 기 비 가 온 다

좍 좍 두 두 둑 좍 좍 두 두 둑 갑 자 기 비 가 온 다

개 가 운 다 꿍 꿍 (개 가 운 다 꿍 꿍) 개 가 운 다 낑 낑 (개 가 운 다 낑 낑)

끄 그 긍 끄 그 긍 깨 개 갱 깨 개 갱 무 서 워 서 개 가 운 다

보이는 대로
들리는 대로
느끼는 대로

비가 온다

비가 자주 내리는 6월이 되면 꼭 생각나는 노래가 바로 〈비가 온다〉이다. 이 노래를 듣다 보면 비 내리는 풍경보다 주변의 소리에 더욱 집중하게 된다. 그래서 이 노래의 악보를 미리 준비해 두고 비가 오는 날이면 어린이들에게 비가 내리는 소리를 한번 들어 보라고 한다.

"가만히 눈 감고 주변 소리에 귀 기울여 봐. 무슨 소리가 들려?"

"아이들 떠드는 소리밖에 안 들리는데요?"

"잠시 숨소리도 멈추고, 더 집중해서 들어 봐!"

"아, 비가 내리는 소리가 들려요!"

"그 소리가 너희 귀에 어떻게 들리는지, 입으로 표현해 볼까?"

"쏴, 하고 들리는데요?"

"저는 두두두두 하고 들려요."

백창우 선생님의 〈비가 온다〉는 우리가 쉽게 들을 수 있지만 그 냥 지나치기 쉬운 주변의 친근한 소리에 대한 노래다. 이 곡은 우리 가 머릿속에 기계적으로 떠올리는 소리에 머무르지 않고, 그 대상이 만나게 되는 공간이나 주변 상황에 따라 시시각각 달라지는 소리의 다양한 형태를 사실적이고도 따뜻한 시선으로 그리고 있다.

〈비가 온다〉의 가사처럼 비는 우리가 흔히 알고 있는 것처럼 '주 룩주룩'이나 '쏴'하면서 내리지만은 않는다. 부딪치거나 내리는 장 소, 비의 굵기에 따라 '둑둑' 내리기도 하고, 때로는 '좍좍 두두둑' 긴 호흡을 가지고 내리기도 한다. 동물들의 소리도 마찬가지다. 사람들 이 말하기 편한 대로 개 짖는 소리는 '멍멍'이라고 갖다 붙인 것뿐이 지, 개도 무서우면 '낑낑'대기도 하고, '끄그긍' 사람의 신음소리와 비슷한 소리를 내기도 한다.

이 노래의 강점은 소리를 사실적으로 묘사한 가사에만 머무르지 않는다. 두 마디씩 반복되는 리듬과 안정된 선율 구성은 소리의 운 율감을 더욱 돋보이게 만들어, 노래를 부르고 있으면 마치 그 소리 를 흉내 내는 듯한 느낌을 자아낸다.

백창우 선생님 노래들에는 특히나 사람이 발 딛고 살아가는 공간 에서 만나는 자연물이나 동물에 대한 따뜻한 시선이 가득 배어 있 다. 그 대상들도 우리 인간과 더불어 살아가야 할 소중한 존재라는 것을 말하려는 듯하다. 다양한 소리가 주는 정겨움과 말의 재미를 흠뻑 느낄 수 있는 노래라서 그런 것일까? 6월, 아침부터 비가 내리 는 날이면 이 노래를 부르자고 조르는 어린이들의 개구진 모습을 만 나게 된다.

내 주변의 소리로 노래 가사 바꾸기

〈비가 온다〉에는 우리가 생활 속에서 들을 수 있는 소리를 흉내 내는 말이 많이 등장한다. 우리 주변의 소리를 흉내 내는 말이나 주변 사람들이 흔히 사용하는 말들을 활용하여 어린이들과 노래 가사 바꾸기 활동을 해 본다면, 우리말이 주는 색다른 묘미를 경험할 좋은 기회가 될 것이다. 또한 어린이들과의 노래 부르기 활동에 새로운 활력을 불어넣어 줄 것이다.

누가 내는 (어떤) 소리인가요?	눈이 내리는 소리
그 소리를 낼 때의 상황이나 기분은 어떠한가요?	반갑고 즐겁다. 몸을 비비는 상황
그 소리가 어떻게 들리는지 다양하게 표현해 봅시다.	사르륵, 스~~~, 사그작
위에서 적은 내용을 바탕으로 이 노래의 가사를 바꿔 봅시다.	
비가 온다 둑둑 비가 온다 둑둑 비가 온다 둑둑 비가 온다 둑둑	
눈이 온다 떵떵 눈이 온다 떵떵 눈이 온다 떵떵 눈이 온다 떵떵	
두두둑 두두둑 두두둑 두두둑 갑자기 비가 온다	
떵떵떵 사르륵 떵떵떵 사르륵 갑자기 눈이 온다	

주변 소리로 노래의 가사 바꾸기

'카주'로 간주를 연주해 보기

'카주'는 넓은 구멍 쪽에 입을 대고 목을 울려 소리를 내면 윗부분의 진동판이 소리를 증폭하여 소리가 나는 악기이다. 이 악기는 다른 관악기와 달리 구멍을 막거나 부는 세기에 따라 음이 달라지지 않는 다. 취구에 대고 허밍을 하듯이 노래를 부르면 그 음 그대로 소리가 나기 때문에 어린이들이 가장 쉽게 배울 수 있는 악기 중의 하나이 며, 악기 특유의 익살스럽고 재미있는 소리 때문인시 처음 불어 보 는 어린이들에게도 반응이 가장 좋은 악기이기도 하다.

실제로 〈비가 온다〉의 간주에도 이 악기 소리가 등장한다. 다음의 악보를 참고하여 노래의 음원을 틀어 놓고 어린이들과 이 노래의 간 주를 함께 연주해 본다면 더욱 생동감 넘치는 노래 부르기 활동이 될 것이다.

한 가지 주의해야 할 점은 '후'하고 바람을 불어서 연주하는 것이 아니라 노래를 부르거나 말을 하듯이 허밍을 해야 소리가 난다는 것 을 어린이들에게 사전에 충분히 설명해 주어야 한다.

〈비가 온다〉 간주 악보

비 오는 날 하고 싶은 일 적어 보고 친구들과 해 보기

비가 오는 날이면 대부분의 어른들은 어린이들에게 비는 절대 맞으면 안 된다고 이야기한다. 하지만, 직접 몸으로 느껴 보지 않으면 자연이 주는 색다른 즐거움을 경험하기는 힘들다. 춥지 않은 5월이나 6월쯤, 미리 여벌과 수건을 준비하여, 어린이들과 비를 맞으며 할 수 있는 활동을 생각해 보고 직접 실행에 옮겨 보자. 상상만으로, 생각만으로는, 마음 깊숙이 느낄 수 없는 아름다움이 이 세상에 차고 넘친다는 것을 어린이들도 금세 알아차릴 수 있을 것이다.

비가 오면 하고 싶은 일 세 가지 생각해 보기

누굴 닮아서

76개미

내가 그린 코뿔소는
귀를 꽉 틀어막은 소
눈을 꼭 감은 소

내가 그린 코뿔소는
바윗덩어리 같은 몸속에
눈물이 가득한 소

내가 그린 코뿔소는
어디로 갈지 몰라
냅다 앞으로만 뛰는 소

시인 이름이
'개미'다.
그러니 '사람'이 쓴 시하고
좀 다르겠지. ㅎ
'어디로 갈지 몰라
냅다 앞으로만 뛰는' 그 코뿔소가
나는 아닐까.

"코 힘을 힝힝, 뒷발을 힘차게 차고
달린다, 코뿔소
뒤돌아볼 것 없어, 지나간 일들은
이미 지난 일
저 멀리 봐, 저 멀리 앞을 봐, 응, 코뿔소
코뿔소는 넘어지지 않아 (‥‥)
코뿔소는 누울 수가 없어.
한 번 누워버리면 다시 일어설 수가 없어.
코뿔소는 넘어지면 안돼
아무도 일으켜주질 않아."

가수 한영애가 부른
〈코뿔소〉도 함께 들어 봐.

코뿔소

시 원제 <누굴 닮아서>

김개미 시 · 백창우 곡

내가 그린 코뿔소는 귀를꽉틀어막은소 눈을 꼭 감은 소

내가 그린 코뿔소는 바윗덩어리같은몸속에 눈 물이 가득한 소

내가 그린 코뿔소는 어디로갈지몰라 냅다 앞으로만뛰는 소

코 뿔 소 코 뿔 소 코 뿔 소 코 뿔 소

눈물이 나도
씩씩하게
쿵쿵

코뿔소

제목부터 신기한 노래다. 어린이들과 부르는 노래 제목이 황소, 누렁이, 물소도 아닌 코뿔소라니! '코뿔소'라는 말의 느낌이 좋다. 왠지 고집도 있어 보이고 '난 조금 특별하다'며 개성을 뽐내는 것도 같다. '소'이지만 뿔이 있어서 왠지 사자나 하이에나 같은 동물도 무서워하지 않을 것 같다. 아! 얼마나 멋진가! 그런데 시인의 시에서 '눈물'이라는 말이 나오니 갑자기 '훅' 슬퍼진다. 단단해 보이는 그 모습 안에 눈물이 가득하단다. 속상할 이유가 수천 개가 넘는 세상이지만 어디로 튈지도 모르는 이 코뿔소의 눈물이 궁금해지고 왠지 공감이 된다. 어쩌면 우리들의 삶, 어린이들의 삶도 그럴지 모른다. 어린이들도 때로 눈물을 참으며 두려움에 자신을 감추기도 한다. 이 노래에 나오는 코뿔소처럼 말이다.

노래에서는 경쾌한 코뿔소의 발걸음이 느껴진다. 어린이들 노래에 흔히 나오는 리듬이 아니어서 여러 번 듣고 따라 불러 본다면 좀 더 쉬울 것이다. 특히 '내가 그린'에서 '그린'의 리듬이 독특하다. '그'가 매우 짧다. '린'에서 왠지 '쿵'하고 발을 굴러도 될 것 같다. '귀를 꽉 틀어막은 소'는 랩처럼 불러야 한다. 한두 박에 이 가사를 다 불러야 한다. 정신 똑바로 차리고 재빨리 부르면서도 가사를 또박또박 불러 보자. '바윗덩어리 같은'은 최고의 난이도를 가지고 있다. 어린이들이 천천히 부르면서 박자를 정확하게 확인히도록 하고 이후 점점 빠르게 부르도록 안내한다. 혹시 너무 어려워하면 그날은 대충 쓱 부르고 다음에 다시 도전해도 괜찮다.

특히 마지막 단에 반복되는 '코뿔소'는 계속 앞으로 걸어가는 코뿔소가 생각난다. 같은 리듬과 가락을 반복할 때 나오는 묵직한 힘이 있다. 마치 그 힘이 교실 바닥을 울리는 것처럼 바닥을 둥둥 울려 보자.

코뿔소와 만나기

코뿔소 실물 사진을 살펴보면 참 강하게 생겼다. 자동차가 부딪쳐도 끄떡없을 것 같다. 몸의 크기, 뿔의 모양, 다리의 모양을 천천히 보면서 코뿔소랑 가까워져 보자. 시와 노래 가사에는 코뿔소가 눈물이 가득하다고 쓰여 있는데 왜 그럴지 상상하여 함께 이야기 나눠 보도록 한다. 그리고 코뿔소가 내 친구라고 생각하고, 내 이야기를 들어 주는 '내 친구 코뿔소'를 상상하면서 떠오르는 느낌들을 마인드맵으로 만들어 보자. 코뿔소를 잘 만나고 나면 노래도 좀 더 재미있어질 것이다.

마인드맵의 내용으로 코뿔소를 그려 보도록 한다. 이왕이면 사진으로 본 흔한 코뿔소의 모습이 아니면 좋겠다. '냅다 앞으로만 뛰는 소'는 조금 특별한 다리가 있을지도 모른다. '눈물이 가득한 소'는 눈이 클까 작을까? 특징을 잘 담아 표현하다 보면 새로운 코뿔소 노래가 만들어질지 모른다.

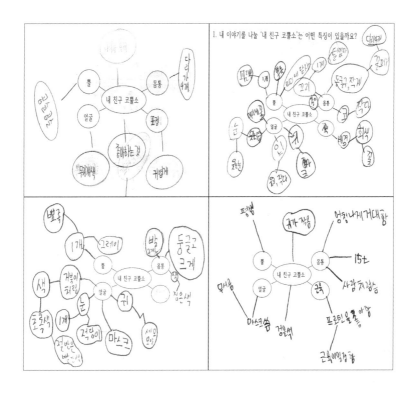

코뿔소와 함께 걷는 것처럼 여럿이 부르기

노래의 후반부에 반복되는 부분은 화음이 들어가면 잘 어울린다. 반복되는 화음의 진행이 독특해서, 약간의 변화만 포함되면 다 같이 노래하는 재미를 찾을 수 있다.

첫 번째 성부가 멜로디다. 멜로디도 아주 쉽다. '도도솔'만 계속 반복한다. 두 번째 성부는 심지어 '미미미'만 노래한다. 세 번째 성부의 음표 세 개는 '코뿔소'라고 불러도 되고, 다른 가사를 지어 불러도 재미있다.

　　노래도 배우는 순서가 있다. 그냥 한 성부씩 배우면 될 거라 생각
하면 더 어려워질 수 있다. 다음의 순서대로 어린이들과 조금씩 도
전해 보기를 권한다.

순서	내용
멜로디 익히기	– 1마디~4마디, 멜로디 익히기
세 번째 코러스 익히기	– 학생들이 멜로디를 부르고, 교사가 세 번째 성부 부르기, 역할 바꿔 부르기 – 학급의 친구들을 두 개의 큰 모둠으로 나누어서 멜로디, 세 번째 성부 부르기, 역할 바꿔 부르기
두 번째 코러스 익히기	– 학생들이 멜로디를 부르고, 교사가 두 번째 성부 부르기, 역할 바꿔 부르기 – 학급의 친구들을 두 개의 큰 모둠으로 나누어 멜로디, 두 번째 성부 부르기, 역할 바꿔 부르기 – 이때 교사가 다른 성부 노래하기 – 학급의 친구들을 세 모둠으로 나누어 각자 역할을 나누어 부르기

우리 말 노래

이오덕

우리 말 쉬운 말 쉬운 말을 합시다
어렸을 때 배운 말 강아지와 주고받던 말
그 말이 우리 말이지요 정든 배달말
우리 글로 적는 말 강아지도 알아듣는 말

우리 말 고운 말 고운 말을 합시다
어렸을 때 하던 말 참새한테 들려주던 말
그 말이 우리 말이지요 자랑스런 배달말
우리 글로 적는 말 참새도 알아듣는 말

우리 말 아름다운 말 아름다운 말을 합시다
어렸을 때 들은 말 냉이풀과 속삭이던 말
그 말이 우리 말이지요 우리 목숨 배달말
우리 글로 적는 말 냉이풀도 알아듣는 말

240

냉이,
민들레,
할미꽃, 제비꽃,
머루, 다래, 으름, 도토리,
피라미, 버들붕어, 모래무지, 미꾸라지,
꾀꼬리, 뻐꾸기, 뜸부기……
이렇게 우리 말로만 된 노래다.
평생 우리 말 운동을 하신
이오덕 선생님의 마음과 뜻이
잘 담겨있는 노래다.
어느날 정한 '표준말' 만이
우리 말인 건 아니다.
강원도 말도, 경남도 말도,
전라도 말도, 충청도 말도 다 우리 말이다.
그건 사투리가 아니라
말맛이 살아있는 '동네말' 이다.
모두 살려써야하는
우리 말이다.

우리 말 노래

이오덕 시, 백창우 개사 · 작곡

우리 말 쉬운 말 쉬운 말을 해 요 어릴 때 부터 쓰던 말 강아지와 하던 말

강아지도 알 아 듣 는 말 냉 이 민 들 레 할 미 꽃 제 비 꽃

머 루 다 래 으 름 도 토 리 — 피 라 미 버들붕어 모 래 무 지 미꾸라 지

꾀 꼴 꾀 꼴 꾀꼬리 뻐 꾹 뻐 꾹 뻐 꾸 기 뜸 북 뜸 북 뜸 부 기

쉬운 말
고운 말
아름다운
우리말

바다 건너에서 들어온 것과 우리 땅에서 생긴 것이 잘 구분되지 않는 세상이다. 어린이들은 어디서 온 것인지도 잘 모르는 많은 글과 노래와 영상을 만나고 있다. 그래도 동시, 어린이 문학, 노래에 삶과 글을 이어 생각하고 더 잘살려고 노력하는 어른들이 있다는 것은 참 다행이다.

다른 나라에서는 잘 쓰지 않지만, 한국어에는 '우리'라는 말과 표현이 많다고 한다. '우리 가족, 우리 반, 우리 학교, 우리나라, 우리들, 우리끼리'라고 하면서 공동체를 말하는 것은 물론이고 나와 가까운 것도 대화하는 사람과 이야기 나누다 보면 우리 모두와 가까운 것처럼 말하는 경우가 많다. '우리'라고 말할 때에는 한 가지만을 강조하지 않는다. 우리라는 말에 포함된 사람들의 생각과 여러 빛깔을 담아내려는 따뜻한 마음도 담겨 있다. '우리말'은 외래어나 한자어를 덜 쓰는 순우리말의 뜻도 있다. 또, 지역 토박이말도 우리말이라고 한다.

백창우 선생님이 만든 노래는 이오덕 선생님이 말한 '쉬운 말'처럼 '쉬운 노래'다. 비슷한 가락과 리듬이 나오고 화음도 복잡하거나 불편한 부분이 없다. 노래를 부르다 보면 물 흐르듯 자연스레 흥얼거리게 된다. 노래 뒷부분의 약간 높은 음은 기분이 더 좋아지게 만든다. 몸을 움직이면서 노래를 부르기에 참 좋다.

시와 노래에 나오는 예쁜 우리말을 찾아서 정리하고, 더 만들어 보자. 어린이들이 노랫말을 마음대로 바꿔 부르는 건 장난치듯 재미있는 놀이가 될 것이다. 이번 기회에 우리가 무의식적으로 흔히 쓰고 있는 외국어나 외래어를 쓰지 않아 보면 어떨까? 만만하지 않을 것이다. 우리말을 표현하는 한글이 얼마나 아름답고 소중한지는 이미 모두가 알고 있고 그에 관한 좋은 자료들도 많이 나와 있으니 참고해서 활용하면 더욱 좋겠다.

노래에 나오는 우리말 찾아보기

시와 노래에 나오는 우리말을 안내한다. 또 주변에서 쓰이는 우리말을 찾아서 어린이들과 함께 정리해 보자. 우선 이오덕 선생님이 말한 쉽고, 곱고, 아름다운 우리말은 어떤 말인지 생각해 보자.

어렸을 때때 배운 말, 하던 말, 들은 말
강아지와 주고받던 말
우리 글로 적는 말
참새한테 들려주던 말
냉이풀과 속삭이던 말

어른이 돼서 배우고 쓰는 말이 아닌 어렸을 때 배우고 하고 들은 말이 좋다고 한다. 사람끼리 말하는 것 말고도 강아지와 주고받고, 참새한테 들려주고, 냉이풀과 속삭이는 말이 좋은 말이라 한다. 사람이 아닌 동식물에게 말을 걸려고 하면 자연스럽게 쉬운 말을 쓰게 되겠지? 보통의 어른이라면 어린이에게 말할 때 당연히 쉬운 말을 쓰는 것처럼 말이다.

어린이들과 함께 백창우 선생님이 노래 가사에 쓴 우리말도 찾아보자.

냉이 민들레 할미꽃 제비꽃 머루 다래 으름 도토리
피라미 버들붕어 모래무지 미꾸라지
꾀꼬리 뻐꾸기 뜸부기

자연에 가득한 말이다. 길에서 들에서 산에서 보이는 것들의 이름들이 줄줄 나온다. 물고기도 있다. 하천에서 연못에서 강에서 볼 수 있는 것들이다. 산과 길에서 노래하는 새들도 있으니 더 반갑다. 그리고 이어서 강원도 말, 경상도 말, 전라도 말, 충청도 말도 쓰자고 한다. 그래, 이 말들도 다 우리말이다. 노래 가사에 나오는 우리말 말고도 다른 우리말들은 어떤 것이 있을까? 어린이들과 함께 찾아 써 보자.

한글이 쓰여진 옷을 만든다면?

우리가 입고 있는 옷에는 외국어 특히 영어가 가득하다. 상표 이름과 세탁 방법, 크기를 나타내는 표에 적혀 있는 것이야 어쩔 수 없다 해도 옷 앞뒤 잘 보이는 곳에도 영어가 가득하다. 여기 한글이 쓰여 있다면 어떨까? 한글이 쓰여 있는 옷을 찾아보거나 다음의 사진과 같은 옷을 살펴보면서 한글을 어떻게 재미있게 활용했는지 함께 이야기 나눠 보자. 그리고 한글이 쓰여 있는 옷을 직접 만든다면 어떻게 만들지 생각해서 만들어 보는 활동도 좋겠다.

이런저런 다양한 활동을 통해 우리말을 살펴보면 우리가 우리말이 아닌 다른 나라 말을 많이 쓰고 있음을 알게 된다. 어린이들과 딱 하루 날짜를 정해 우리말만 써 보는 것은 어떨까? 그렇게 실천해 보고 난 후의 느낌을 함께 나누면 어린이들은 우리가 외래어나 외국어를 정말 많이 쓰고 있다는 것을 알게 된다. 더구나 이미 대부분의 사람들이 사용하고 있는 '스마트폰', '컴퓨터', '에어컨' 같은 말들은 바꾸어 쓰기도 어렵다. 이렇게 우리말에 대해 공부하다 보면 우리가 다른 나라의 말을 많이 쓰는 것뿐 아니라, 어려운 말이나 줄여 쓰는 말을 많이 쓰고 있다는 것도 알게 된다.

똑똑한 사람이 없으면 좋겠어 배하나

똑똑한 사람이 없으면
좋겠어
좋겠어
똑똑한 사람이 없다면
세상이 더
좋아질 텐데

똑똑한 사람들이
세상을 다 만드는 것 같지만
그야말로 귀신 풀 뜯어먹는 소리다.
나쁜 똑똑한 사람들 때문에 전쟁이 일어나고
숲과 캥거루가 사라진다.
'점수 세상'을 만드는 것도
'1등 세상'을 만드는 것도
나쁜 똑똑한 사람들이다.
　　　그나마 세상이 아직 완전히
망가지지 않은 건, 어디선가 묵묵히
씨를 뿌리고, 나무를 심고 작은 생명들을 아끼는
그런 사람들이 있어서일 거다.
1등만 있는 세상,
1등만 꿈꾸는 세상은
참 재미 없고 끔찍한 세상이다.

똑똑한 사람이 없으면 좋겠어

서정홍 시 <못난이 철학>을 읽고

백창우 시 · 곡

똑 똑 한 사 람 이 없 으 면   좋 겠 어   좋 겠 어

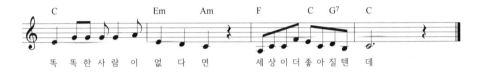

똑 똑 한 사 람 이 없 다 면   세 상 이 더 좋 아 질 텐   데

세상에 꼭
필요한 사람

똑똑하다는 건 무슨 뜻일까? 생각이 분명하고, 어떤 일이 생겼을 때 주변을 두루 살피며 좋은 생각을 할 수 있는 사람이 똑똑한 것 아닐까? 그런데 언제부턴가 시험을 잘 보고, 공부를 잘하고, 좋은 대학에 가서 좋은 직업을 가진 사람에게 '똑똑하네', '똑똑해 보이네' 라는 말을 많이 한다. 그런데 이렇게 '똑똑한' 사람들만 많아지면 과연 세상이 좋아질까? 전쟁을 일으키는 정치인, 자연을 파괴하고 끊임없이 물건을 만드는 기업인, 사람들이 물건을 사도록 자꾸 부추기는 방식의 경영을 하는 많은 사람들이 시험 잘 보고, 공부 잘하고, 좋은 대학을 나왔을 것이다. 그런데 이 사람들 중에는 세상을 더 슬프게 만드는 사람도 있다.

이 노래는 서정홍 선생님의 시를 읽고 백창우 선생님이 만든 노래다. 서정홍 선생님의 시 〈못난이 철학 1〉에는 가난한 이들과 땀 흘려 일하고 정직하게 사는 법을 가르치지 않고 공부 열심히 해서 편안하게 살라고 가르치는 어른에 대해 말하는 내용이 담겨 있다. 백창우 선생님도 이 시에서 안타까운 마음이 가득하셨나 보다. 짧은 노래지만 마음에 전해 오는 울림이 크다. 어린이들에게 배움에 대해 이야기해야 하지만, 편안하게 살기 위한 공부만을 강조하는 게 괜찮은 걸까? 세상에 나의 도움을 나누고 땀 흘려 정직하게 일하며 살아가는 데 도움이 되는 배움에 대해 이야기해야 하지 않을까? 어린이들이 노래를 부르고 나서는 "선생님, 우리 공부 안 해도 되지요?"라고 오해하는 일은 없어야겠다. 노래의 깊은 뜻이 어린이들에게 더 의미 있게 전해지도록 하는 것이 어른의 또 다른 할 일이다.

세상에 꼭 있어야 할 똑똑한 사람

이 세상에 어떤 것이 필요 없고, 어떤 것이 꼭 필요한지 어린이들과 같이 생각해 보자. 잘 생각이 나지 않는다고 하는 어린이가 있다면 교실을 둘러보거나 자신의 생활을 기록해 놓은 일기장을 살펴보며 찾아보도록 안내한다. 어쩌면 어린이들에게는 조금 어려운 이야기일지도 모르겠다. 이럴 때에는 교사가 예시로 역사를 관통하는 인물, 특별한 물건, 우리를 힘들게 하는 것, 몸에 안 좋은 기호식품 등등 남기고 싶은 것과 사라지게 하고 싶은 것에 대한 이야기를 들려주는 것도 좋다. 그런 다음 어린이들이 각자 생각한 내용을 글로 적

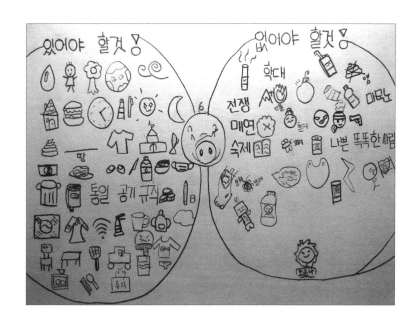

어 보도록 한다. 글로 적은 것들을 모아 다른 친구들의 의견을 진지하게 살피면서, 가능하다면 우리 모둠, 우리 반의 대표적인 의견을 정해 보도록 한다. 이 과정 속에서 다른 친구들의 다양한 생각을 알아 갈 수 있다.

이제 자신이 생각하는 똑똑한 사람에 대해 써 보자. 똑똑하다는 것은 무슨 뜻이고, 똑똑한 사람은 어떤 사람을 말하는 것인지 자신의 생각을 자유롭게 써 보도록 하자. 그런 다음 세상에 꼭 필요한 것과 사라져야 할 것을 정리한 것과 연결하여 우리 모둠 또는 우리 반이 바라는 똑똑한 사람에 대해 이야기 나누고 그림으로 그려 보도록 한다.

실로폰으로 연주하기

실로폰 연주 방법, 연주할 때의 느낌을 잘 생각해 보고 멜로디 중심
으로 잘 연주해 보자. 반음이 없어 지도하기에는 큰 어려움이 없다.
다장조의 계이름으로 천천히 한 음씩 연습할 수 있게 지도한다.

미 솔 솔 솔 솔 라 미 레 도　　라 도 도　　미 도 레

미 솔 솔 솔 솔 라 미 레 도　　라 도 도 파 미 도 레 시 도

이번에는 실로폰 2중주로 연주해 보자. 노래에 담긴 의미를 생각하고 건반에 적어 놓은 계이름에 유의하도록 안내한다.

좋잖아

최병수+비닉경우

1
좋잖아
신나고
근사하고
멋있잖아

2
나무와 새와 사람
나비와 개들까지
함께 산다는 것
얼마나 좋아

3
좋잖아
신나고 근사하고 멋있잖아

강과 산과 바다
고래와 펭귄까지
함께 산다는 것
얼마나 좋아

환경 미술가
최병수가 쓴
<공생>이란 짤막한 시 때문에
이 노래가 날 수 있었다.

좋잖아/신나고
근사하고/멋있잖아

딱 너 줄, 열 네 글자가 다인
시를 읽으며
함께 산다는 것에 대해 다시
생각해 보았다.
사람과 사람뿐이 아닌
강과 산과 바다, 나무와 새와 나비와 개,
고래와 펭귄까지 함께 어울려 사는 세상이
진짜 좋은 세상이 아닐까.
사람만이
이 세상의 주인은 아니다.

좋잖아

최병수 시 <공생>을 바탕으로

좋 잖 아 ―　신 나 고 ―　근 사 하 고 멋 있 잖 아 ―

좋 잖 아　신 나 고 ―　근 사 하 고 멋 있 잖 아 ―

나 무 와 새 와 사 ― 람 ―　나 비 와 개 들 까 ― 지 ―
강 ― 과 산 과 바 ― 다 ―　고 래 와 펭 귄 까 ― 지 ―

함 께 산 ― 다 는 ― 것 ―　얼 마 나 좋 아 ―

* 1은 최병수 시 <공생>이고, 2는 백창우가 거기에 이어서 쓴 것.

자연과 함께 살아간다는 것

초임 교사 시절, 어린이들을 데리고 부산 외곽의 작은 어촌에 갯벌 체험활동을 간 적이 있었다. 주5일제가 없던 토요일, 37명의 아이들을 데리고 버스를 2번 갈아타고 1시간이 넘게 가야 하는 힘든 여정이었다. 그런데도 어린이들은 지친 기색 하나 없이 반 친구들과 처음 가는 갯벌 여행에 무척 들떠 있었다. 그렇게 힘들게 도착한 갯벌, 그 시간 이후로는 선생님의 어떤 설명도 필요 없었다. 그때만큼은 갯벌을 기어다니는 수많은 생물들이 어린이들의 친근한 선생님이었고, 물컹거리며 맨살을 통해 전해 오는 부드러운 촉감의 갯벌은 어린이들에게 최고의 놀이터였다. 그 순간, '이 아이들은 어른이 되어서도 갯벌이 우리에게 주는 소중함을 잊지 못하겠구나!' 하는 생각이 절로 들었다.

나무와 새, 나비와 개 등 늘 우리와 함께 살아 숨 쉬고 있으면서도 그 소중함을 잊게 되는 주변의 생명들이 참 많다. 반려동물을 가족으로 맞이해 함께 생활해 본 어린이라면 생명의 소중함이 더 절실하게 와닿을 것이다. 그렇듯 자연 속에서 신나게 놀아 본 어린이라면 자연이 우리에게 얼마나 큰 기쁨을 주는지 잘 알게 된다. 환경과 자연의 소중함을 나누는 데 무엇보다 좋은 것은 어린이들에게 자연을 접할 수 있는 다양한 기회를 제공하는 것이다. 그런 점에서 자연 속에서 소소한 행복을 찾아 가는 모습을 담은 노래를 만나게 하는 것도 하나의 좋은 방법이 될 것이다.

백창우 선생님 노래 〈좋잖아〉는 우리가 발 딛고 살아가는 이 세상을 이루는 많은 생명이나 자연과 함께하는 일이 얼마나 설레고 기분 좋은 일인지를 그려 내고 있다. 때로는 느리고 잔잔한 분위기로, 때로는 빠르고 신나는 리듬으로, 인간의 삶을 행복한 기억으로 채워 줄 생명과 자연의 존재를 경배하고 있다. 이 노래를 듣고 있노라면, 20년 전 그 갯벌에서 놀았던 그 시절의 어린이들에게 꼭 한 번 묻고 싶다. 우리 그때 너무 좋지 않았냐고.

이 노래는 어디로 되돌아가야 할까

〈좋잖아〉는 도돌이표로 구성되어 있는 노래다. 악보상 끝까지 부른 다음, 맨 처음으로 돌아가서 'Fine'에서 마치는 단순한 구조지만, 이 노래를 통해 도돌이표의 정확한 명칭과 역할을 학생들과 알아볼 수 있다. 그런 다음, 이 노래의 연주 순서를 마디 번호로 적어 보게 하는 것도 좋겠다.

〈보기〉 세뇨, 건너뛰기, 피네, 처음		
기호	**읽기**	**뜻**
D.C.	다카포	(처음)(으)로 돌아가기
D.S.	달세뇨	(세뇨)(으)로 돌아가기
Fine	(피네)	이 기호에서 끝내기
⊕	코다	코다 (⊕) 사이를 (건너뛰기)

(①) → (②) → (③) → (④) → (①) → (②)

노래의 연주 순서 알아보기

자연, 생명 존중 윷놀이

이 노래는 생명과 자연의 소중함과 존중을 담은 노래다. 다음은 노래를 배우고 난 뒤, 우리의 전통놀이인 윷놀이를 하며 자연과 생명을 존중하는 행동이나 태도에 대해 다시 한 번 생각해 보면 좋겠다는 의미에서 만든 윷놀이 말판이다. 우리가 흔히 알고 있는 윷놀이와 조금 다른 점이 있다면 주사위를 던져 생명이나 환경을 존중하는 태도에 말이 놓이게 되면 두 칸 앞으로 갈 수 있고, 손숭하지 않는 태도에 말이 놓이게 되면, 뒤로 두 칸 이동해야 한다는 점이다.

아래와 같이 윷놀이 말판에 존중하는 태도 등을 적지 말고, 주사위를 던진 어린이가 직접 발표해 보도록 하는 방식으로 바꾸어 활용해도 된다.

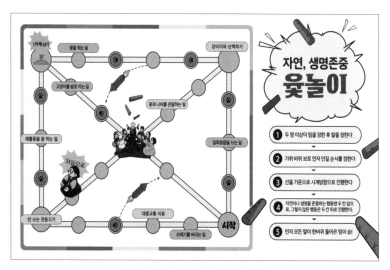

자연, 생명 존중 윷놀이 말판 예시

오감으로 나의 근사하고 멋진 것 소개하기

어린이들의 신나고 근사하고 멋진 일은 무엇일까? 어린이들에게는 어른들의 생각과는 다른 그들만의 멋지고 근사한 순간이 있을 것이다. 이 활동은 그 순간들을 몸의 다섯 가지 감각으로 나누어 소개해 보는 활동이다.

눈으로 느낀 아름답고 멋진 풍경, 귀로 들을 수 있는 행복하고 따뜻한 소리 등 자신의 오감을 통해 느낀 근사한 모습을 구체적으로 표현해 보게 한다면, 서로의 경험을 보다 생생하게 친구들과 나눌 수 있을 것이다.

구분	나의 오감으로 느낄 수 있는 근사하고 멋진 것
눈	친구 얼굴, 바다
코	꽃향기, 달고나 냄새
입	김치찌개, 갈비찜
귀	노랫소리, 웃음소리
손	이불, 엄마 손

나의 오감으로 느끼는 근사하고 멋진 것 소개하기

에필로그

"오늘은 어린이들과 무슨 노래를 부를까?"

학교와 마을, 집에서 어린이들을 만날 때마다 하는 생각입니다. 그러다 백창우 선생님의 노래를 만났습니다. 어린이, 엄마, 아빠, 친구, 풀, 꽃, 나무, 하늘, 강아지, 똥이 노래에 들어 있습니다. 이야기가 있고 기쁨과 슬픔이 있고 따뜻함과 아련한 아픔도 있습니다. 또한 우리가 절대 놓쳐서는 안 될 삶의 가치들도 친근한 노랫말 속에 보일 듯 말 듯 숨어 있습니다. 그렇다고 어린이들을 가르치려 하거나 사람과 자연의 아름다움을 추상적인 언어로 나열하지 않습니다. 항상 어린이의 말과 글을 통해 세상을 바라보며, 실타래처럼 꼬인 삶의 문제도 어린이들의 순수한 마음에 해답이 있다고 이야기합니다. 노래는 만드는 사람만의 것이 아닌 부르는 사람, 듣는 사람의 것이기도 합니다. 노래를 부를 때의 감정은 노래를 만든 사람의 감정과 다를 수도 있지요. 또 노래를 듣는 사람의 마음도 그렇고요. 그래서 노래를 만날 때 여러 활동으로 마음 깊이 만나는 게 중요합니다. 다른 관점으로 만나고, 부르고, 나누다 보면 나만의 노래의 의미가 오래 남습니다. 그렇게 노래는 나를 통해 깊어지고, 나를 더 자라나게 만듭니다. 이 책을 통해 백창우의 선생님의 노래를 만나 보니 어떠셨나요? 백창우 선생님의 노래는 '시'에서 시작합니다. 고운 씨앗이 바람을 타고 땅에 내려앉아 햇살과 바람의 힘을 빌어 푸른 나무로 자라듯, 시를 쓰는 시인의 마음이 노래로 엮여 다시 어린이에게 다가갑니다. 그래서 선생님의 노래는 그냥 불러도 좋고, 시를 낭송하듯 읽어도 마음이 금세 따뜻해집니다. 이 노래들은 교실 안에서 더 큰 힘을 발휘합니다. 쉬는 시간을 기다리는 어린이에게 글씨가 조금 삐딱하면 어떠냐며 가만히 고개를 끄덕여 주고, 사랑에 빠졌다고 고백하는 용감한 몸짓에 응원의 박수를 보냅니다. 때론 엉엉 울고 싶은 어린이에게 그만 울라는 말 대신 가만히 어깨를 토닥입니다. 마음을 다 알아 주는 것 같은 공감과 위로의 노래는 바쁜 일상을 보내는 어린이들의 마음에 온기를 불어넣고, 보다 단단한 성장으로 이끌기도 합니다. 우리가 만난 백창우 선생님의 노래에는 어린이들의 삶이 있습니다. 이 노래들이 지닌 교육적 의미와 교실 속에서 나눈 경험, 노래를 부르며 할 수 있는 다양한 교육 활동들을 이 책에 함께 담았습니다. 음악 시간뿐만 아니라, 미술 시간, 체육 시간, 쉬는 시간, 방과 후 시간까지 어린이들과 나눌 수 있는 많은 활동을 옮겨 놓았습니다. 노래를 부르기 전에는 어린이들과 함께 나들이를 다녀오고, 시처럼 가사를 낭송하며 서로의 경험도 나누었습니다. 노래를 부르며 손뼉을 치고, 악기도 두드리며, 춤을 춥니다. 노래를 부르고 나서는 그림을 그리고, 노래 주인공에게 편지도 쓰고, 한 편의 뮤지컬을 만들기도 했습니다. 평소 노래의 향기를 교실 속에 퍼트리고자 노력했던 우리의 교실 풍경은, 백창우 선생님의 노래를 만나기 전과 후가 크게 달랐습니다. 노래를 통해 어린이들의 마음을 이해하고 공감하려는 시도가 많아졌고, 그로 인해 어린이들과 노래하며 웃는 일도 많아졌습니다. 오늘 우리가 전한 이야기가 백창우 선생님의 노래를 보다 감동적으로 만나는 징검다리가 되었으면 합니다. 아울러 백창우 선생님의 노래를 마주하며 느꼈을 뜨거운 꿈틀거림이 여러분만의 예술적 상상력으로 교실 속에서 다채롭게 펼쳐지길 기대해 봅니다.

이호재, 한승모 드림

수록 시 출처

예쁘지 않은 꽃은 없다 《보리 어린이 노래마을 02 : 예쁘지 않은 꽃은 없다》(백창우, 보리)

딱정벌레 《너 내가 그럴 줄 알았어》(김용택, 창비)

강아지 똥 《보리 어린이 노래마을 05 : 꽃밭》(권정생·백창우, 보리)

염소 《삐뽀삐뽀 눈물이 달려온다》(김륭, 문학동네)

맘대로 거울 《옷장 위 배낭을 꺼낼 만큼 키가 크면》(송선미, 문학동네)

나 혼자 자라겠어요 《나 혼자 자라겠어요》(임길택, 창비), 《임길택 노래상자》(임길택·백창우, 보리)

고백 《맨날맨날 착하기는 힘들어》(안진영, 문학동네)

-랑 《까만 밤》(정유경, 창비)

내 길을 갈 거야 《복숭아 한번 실컷 먹고 싶디 시노래 음반》(김지우 외, 보리)

겨울 물오리 《너를 부른다》(이원수, 창비)

말로 해도 되는데 《보리 어린이 노래마을 06 : 맨날맨날 우리만 자래》(백창우, 보리)

딱지 따먹기 《보리 어린이 노래마을 01 : 딱지 따먹기》(백창우, 보리)

봤을까 《동시마중 2014년 3, 4월호》(이창숙)

누굴 보고 있나요 《옷장 위 배낭을 꺼낼 만큼 키가 크면》(송선미, 문학동네)

눈이 퉁퉁 붓도록 나무랑 싸웠다 《달에서 온 아이 엄동수》(김륭, 문학동네)

까불고 싶은 날 《까불고 싶은 날》(정유경, 창비)

시계 《무지개가 뀐 방이봉방방》(김창완, 문학동네)

큰길로 가겠다 《보리 어린이 노래마을 01 : 딱지 따먹기》(백창우, 보리)

삐딱삐딱 《삐딱삐딱 5교시 삐뚤빼뚤 내 글씨》(김은영, 문학동네)

잠시 안녕 《난 바위 낼게 넌 기운 내》(안진영, 문학동네)

작은 꽃 《동시마중 2017년 9, 10월호》(김철순)

비 오는 날 일하는 소 《보리 어린이 노래마을 01 : 딱지 따먹기》(백창우, 보리)

토끼 5 《권정생 노래상자》(권정생·백창우, 보리)

고양이의 탄생 《고양이의 탄생》(이안, 문학동네)

별 《나 혼자 자라겠어요》(임길택, 창비)

비가 온다 《보리 어린이 노래마을 02 : 예쁘지 않은 꽃은 없다》(백창우, 보리)

누굴 닮아서 《어이없는 놈》(김개미, 문학동네)

우리말 노래 《이오덕 노래상자》(이오덕·백창우, 보리)

똑똑한 사람이 없으면 좋겠어 백창우

좋잖아 최병수, 백창우

 백창우 노래
도움 자료

백창우 노래 도움자료

 수록 곡 음원 제작
: 포크플러스·백창우와 굴렁쇠아이들